我国高校内部控制审计研究

李兆龙◎著

中国财经出版传媒集团
中国财政经济出版社
北京

图书在版编目（CIP）数据

我国高校内部控制审计研究 / 李兆龙著. -- 北京：中国财政经济出版社，2024. 1
ISBN 978 - 7 - 5223 - 2669 - 6

Ⅰ. ①我… Ⅱ. ①李… Ⅲ. ①高等学校－内部审计－研究－中国 Ⅳ. ①F239. 66

中国国家版本馆 CIP 数据核字（2024）第 013843 号

责任编辑：彭　波　　责任校对：张　凡
封面设计：卜建辰　　责任印制：史大鹏

我国高校内部控制审计研究
WOGUO GAOXIAO NEIBU KONGZHI SHENJI YANJIU

中国财政经济出版社 出版

URL：http：//www. cfeph. cn
E - mail：cfeph@ cfeph. cn

社址：北京市海淀区阜成路甲 28 号　邮政编码：100142
营销中心电话：010 - 88191522
天猫网店：中国财政经济出版社旗舰店
网址：https：//zgczjjcbs. tmall. com
中煤（北京）印务有限公司印刷　各地新华书店经销
成品尺寸：170mm × 240mm　16 开　14 印张　180 000 字
2024 年 1 月第 1 版　2024 年 1 月北京第 1 次印刷
定价：78. 00 元
ISBN 978 - 7 - 5223 - 2669 - 6
（图书出现印装问题，本社负责调换，电话：010 - 88190548）
本社图书质量投诉电话：010 - 88190744
打击盗版举报热线：010 - 88191661　QQ：2242791300

基金项目号：

1. 2022 年度河南省科技厅软科学研究计划项目（会计专题）：基于大数据技术的高校内部审计方法创新与应用研究（222400410655）结项研究成果；

2. 2021 年度河南师范大学国家级科研项目培育基金项目：大数据环境下基于博弈论的内部审计方法创新研究（2021PW06）结项研究成果；

3. 2023 年度河南省教育系统廉政专题研究项目：完善党的自我革命制度规范体系研究项目（2023LZYB－14）阶段性研究成果；

4. 2023 年度河南省社会科学界联合会调研课题：乡村振兴中粮食安全问题困境及对策研究（KL－2023－2111）阶段性研究成果。

前　言

在过去四十年的改革开放历程中，我国的经济发展获得了惊人的成就，如今已成为全球第二大经济体，这一切都离不开不断加强的高等教育事业对国家输送源源不断的杰出人才的支持。近年来，我国政府对高等教育资金的注入不断加大，特别是中央和地方财政对高等教育的资金支持力度不断加大。随着我国不断推进“科教兴国”“人才强国”等战略，高等教育领域的资金注入逐年攀升，这为高校的规模、数量和水平带来了具有跨越式发展潜力的机遇。与此同时，伴随着高等教育体制改革的深入以及社会需求多样化趋势的加强，高校内部的财务风险也随之产生并逐步加大。在当前高等教育机构蓬勃发展的时期，由于内外部环境的日益错综复杂，其日常运营所面临的风险也在逐步攀升，其中腐败行为作为一种常见的非道德性行为，已经成为影响高等学校正常运行的主要因素之一。

高校内部出现的腐败现象，其中一些是由于管理不善或自身存在问题所导致的，这些腐败案件不仅影响着学校正常的教学工作秩序，而且还直接威胁到广大师生的生命财产安全。这不仅对涉案高校的声誉带来了负面影响，导致其社会公信力的下降，同时也造成了高校教育资源的严重浪费，从而阻碍了我国高等教育的可持续和健康发展。高等教育机构作为独特的社会群体，一旦遭遇问题，极易引发腐败现象。从目前情况来看，高校腐败主要发生于行政人员与管理人员身上。这不仅影响着教育质量的提高，更直接威胁到国家人才战略的实施。如何维护高等教育机构的学术氛围，以避免其成为腐败问题的“重灾区”，已成为社会各界广泛讨论的议题。

自党的十九大以来，审计工作在预防腐败方面的积极作用备受重视。在中央审计委员会的首次会议上，习近平总书记强调，必须拓展审计监督的广度和深度，消除监督的盲点，确保所有审计工作得到全面审查，每一次审查都必须以严谨严肃为前提，以建立一个集中统一、全面覆盖、权威高效的审计监督体系为最终目标。这就要求各级政府及其部门要把强化审计监督权作为落实党风廉政建设主体责任的重要内容，切实加大对权力运行的制约和监督机制。为了实现审计的全面覆盖，将权力纳入体制的禁锢之中，必须充分发挥内部控制审计在预防和监督腐败治理方面的作用。

本书以审计为视角，结合H高校内部控制审计案例，探讨了高校内部控制审计的现状、缺陷和成因，并从工作机制、机构设置、人才培养和技术信息化四个方面入手，提出了实施内部控制审计常态化、提升内部控制审计的独立性以确保其有效性和可靠性、加强高校审计队伍的国际化建设等对策，对于优化高校内部治理结构和提升高校内部控制监督评价水平具有至关重要的意义。本书的研究旨在为我国高校内部控制审计探索提供有益启示，以促进大学内部控制的不断完善和内部管理效率的提升，从而更有效地发挥教育功能。

在本书出版过程中，得到了河南师范大学审计处学校主管领导及宋鲁伟处长的大力支持，得到了河南省审计厅方珺、滑亦波、李小龙、丁利国 等领导老师的指导和帮助，我的学生王丹、别凌越、李振方、刘若雨在 收集整理资料、文字校对等方面做了很多工作，中国财政经济出版社的编辑老师提出了宝贵的意见，为提高本著作的质量付出了辛勤的劳动，谨向他们表示衷心的感谢。

目　录

第1章 绪 论

1.1 选题背景及意义

1.1.1 选题背景

内部控制的起源可以追溯到会计学，但随着时间的推移，它逐渐被经济学、管理学等领域的理论所取代，成为新的学习方向。随着我国改革开放进程的不断深入，社会经济环境也发生着巨大改变，尤其是现代企业制度建立之后，企业管理逐渐从粗放型转向精细化模式。行政事业单位内部控制以及企业内部控制早期都优先对其经济活动进行监督、控制，并一直进行关于内部会计控制与内部管理控制的割裂认识及融合探索（池国华和吴晓巍，2003；杨雄胜，2005）[1,2]。在这个过程中内部控制的适用范围和功能的拓展受到限制，这并非偶然，而是深层次的内部控制基本理念以及内部控制和政府会计之间存在某种关联假设，这些假设与内部控制理论框架的发展息息相关。因此，在我国目前条件下，应当加强对内部控制概念界定及其作用发挥等方面的探索，要求从我国现阶段国情出发，探讨在当前经济形势下如何开展内部控制审计工作。在现代审计方法中，内部控制审计是一种对内部控制有效性进行评估的手段，也是内部审计领域的重要组成部分，内部控制审计对于健全内部控制、提高内部控制有效性具有显著的促进作用。

改革开放至今已经步入矛盾多发的时期，大众情绪也已步入十分敏感的时期，尤其是涉及行政事业单位，人民群众对其管理相关问题十分关注。一部分原因是行政事业单位承担着公共事务的管理、监督和服务职能，肩负巨大的责任，与国家的发展息息相关；另一部分原因是行政事业单位的经费来源包括财政拨款、事业性收费、社会捐赠以及其他性收入。随着时代的进步，人们对自身作为公民的主体地位有了更深的认识，对于保护纳税人的权益也日益重视，对行政事业单位应如何合理运用财政资金也更加关注。

行政事业单位是指由政府或政府授权的机构设立、以提供公益性服务为主要职责、以非营利为目的的组织形式。这些单位通常是为了满足社会公共利益而设立的，如文化、教育、科技、卫生、环境保护等领域。行政事业单位不同于企业、事务所等营利性组织，也不同于政府机关，通常享有一定的自主权和独立性，但受到政府的管理和监督。在中国，行政事业单位是国家机关系统以外的另一个重要的公共管理领域，也是为了提供公共服务而存在的机构形式之一。长期以来，我国的行政事业单位管理较为松散，缺乏外在和内在的约束机制。然而当前行政事业单位并没有将严格的预算制度纳入日常工作计划，我国机构体制改革和财政部门预算改革将会淘汰这种管理方式。为了消除舞弊、浪费、滥用职权和管理不当等问题，并有效履行行政事业单位的公共责任，这些单位必须建立健全的内部控制机制。

近年来，我国政府对行政事业单位内部控制建设的重视程度不断提高，特别是针对高校内部控制建设，政府陆续颁布了一系列制度和指导意见，包括《行政事业单位内部控制规范（试行）》《关于全面推进行政事业单位内部控制建设的指导意见》《行政事业单位内部控制报告管理制度（试行）》《教育部直属高校经济活动内部控制指南（试行）》等[98]。虽然这些规章制度对高校内部控制制度的建设起到了一定的促进作用，但内部控制审计作为一个相对新兴的领域，国内外对这一领域的研究相对较少，可供参考的数据也有限。然而，高校内部控制审计与企业内部控制审计的本质、要素和框架应当是一致的，因此，我们可以借鉴企业内部审计的经验，通过探究其历程来着重探讨高校的内部控制审计改进问题。

1.1.2 研究意义

高等学校作为国家机关的一个重要部门，对其内部控制进行优化并采取相应的措施加以改进，是提高高校的管理水平和运行效率的必经之路。通过内部控制审计，可以对高校的内部控制制度、流程、机制和制度执行情况进行全面、客观地评价。在深入探索管理过程中，可以帮助高校发现存在的漏洞、缺陷以及隐含的风险。这不仅仅是修补缺陷，还能优化整个系统，使其更为稳健和有效，从而提高高校的内部管理水平和整体运行效率。同时，实施内部控制审计有助于增强我们对高校预算管理和财务管理的控制力度，不仅确保了资金使用的透明度和合规性，还保障了高校的资金使用合法和资产安全。通过对高校财务制度和预算管理制度进行审计，可以不断发现资金使用过程中出现的各种问题，以及资金使用上是否出现的违规行为。一旦发现问题，可以及时采取措施进行调整，从而保障高校的财务安全和资产安全。在此基础上，提出“高校内部控制审计”的概念。通过根据内部控制的本质、主体和方法，进一步明确高校内部控制审计的目标、主客体、重点和方式。在我国高等教育中，对我国高等教育的发展提出了新的要求，对高校内部控制审计过程中出现的一系列问题进行思考和解决。这些问题既有很好的理论研究价值，也有无法估量的实践意义。

近年来，教育部、审计署相继发布政策文件，对内部审计机构的职责范围进行了扩大，对其业务类型进行了拓展，并对其工作对象进行了加强，标志着中国高校内部控制建设已经逐渐成为体现国家治理体系和治理能力现代化的一个重要方面。这也反映了中国政府对高校内部控制的重视程度不断提升，并且加强了内部审计机构的职责，以及对高校资金运动的监督力度，以确保高校内部控制的有效性和高校资产的安全性。这是中国高校管理体制和管理水平的必然选择，也是中国高校迈向现代化、规范化管理的必由之路。内审部门加大对内控的审核力度，并将其纳入日常的审核工作中是必然的趋势。

因此，本书拟对高校内部控制审计研究，以案例为主导，深入分析高校在实施内部控制审计过程中所出现的问题，试图为高校提供推进与开展内部控制审计的解决方案与建议，以帮助高校更好地实施内部控制审计工作。

（1）理论意义。

当前，高校内部控制审计工作在理论和实践中都具有巨大的价值。国内外的内部控制审计研究主要集中在企业领域，对于高校等行政事业单位的内部控制审计相对较少。这表明在行政事业单位领域，还需要更多的研究和关注来提升内部控制审计的效能。通过查阅发现大部分文献都是针对高校内部控制审计工作中所发生的具体问题展开的，缺乏系统性的理论研究，理论依据的缺乏将会严重制约高校内部控制审计的发展。因此，本书的研究对推进高校内部控制的有效性和资产安全性具有重要意义，并且它涉及高校治理、内部控制、审计等多个领域，为高校内部管理和发展提供了重要的指导和支持。以下是高校内部控制审计研究的主要理论意义。

高校作为一个特殊的经济实体，其运作和管理具有自身的特点。通过研究高校内部控制审计，可以深入探讨内部控制理论在高校的适用性，发现其在高校内部管理中的优势和局限，为完善内部控制体系提供理论依据；高校内部控制审计研究可以帮助高校发现和识别内部控制缺陷和风险，从而为高校内部控制建设提供指导。通过研究不同高校的案例，可以总结出有效的内部控制建设方法和经验，促进高校内部控制水平的提升；高校内部控制审计的研究还可以揭示高校治理结构中存在的问题和短板，为高校治理结构的优化提供参考，通过强化内部控制审计，高校可以提高决策的科学性和有效性，实现良好的治理效果。

高校内部控制审计可以帮助高校发现财务和经营方面的问题，及时采取措施解决，提高高校的经济效益，有效的内部控制审计有助于降低高校面临的风险，优化资源配置，提高经济运营效率；高校内部控制审计作为内部审计的一个重要领域，其研究可以丰富和拓展内部审计的理论体系，通过对高校内部控制审计的深入研究，可以推动内部审计理论在不同领域的应用和拓展；随着全球化的加深，高校内部控制审计的国际化交流愈发重要，高校内部控制审计的研究可以加强国际合作与交流，借鉴国际先进经验，提高我国高校内部控制审计的水平和质量。

通过深入研究高校内部控制审计，可以制定一套适用于高校的内部控制标准和规范，从而促进高校内部控制工作的标准化和规范化，这将有助于提高高校内部控制的效率和有效性，标准化的内部控制体系有助于提高高校内部管理的效率和效果，形成内控的良性循环；高校内部控制审计的研究可以推动内部控制与财务管理的有机结合，通过审计过程中对财务管理的全面评估，高校可以更好地发现和解决财务管理中的问题，实现财务管理的科学和有效；高校内部控制审计的研究可以促进内部控制与风险管理的融合，将内部控制与风险管理相结合，有助于高校在经营过程中及时识别和应对各类风险，确保高校的安全稳健发展；高校内部控制审计的研究可以促进高校内部控制评价与改进，为高校提供内部控制评价的参考依据，通过审计过程中对内部控制的全面评估，高校可以发现内部控制中的不足和改进空间，促进高校内部控制文化建设，建立良好的内部控制文化有助于增强全体成员对内部控制的重视和参与，形成全员共同维护内部控制的氛围，推动内控文化深入高校的日常管理中；高校作为社会责任意识较强的组织，其内部控制审计研究还可以促进高校的社会责任履行，通过审计过程中对高校社会责任的评估，高校可以发现和优化社会责任履行的方式和机制，不断提升社会责任的履行水平。

总体来说，高校内部控制审计的研究对于高校内部管理、治理、财务管理、风险管理等方面具有深远的理论意义，深入研究高校内部控制审计可推动内部控制标准化、财务管理、风险管理的有机结合，促进内部控制评价与改进。同时，也有助于高校内部控制文化建设和社会责任履行，提升高校的综合管理水平和运营效率。这些理论意义的实现将有助于提高高校内部管理水平，推动高校的健康发展，为高校发挥优势、肩负使命、服务社会提供坚实的理论支持和指导。

（2）现实意义。

一方面，随着“服务型政府”和“责任型政府”的建设，社会各界都有责任有效地管理和使用公共资源，尤其对于高等院校来说，高校进行内部控制审计，能确保政府教育资金的科学使用和透明度。这不仅有助于政府对高校日常活动进行更好的管理，还能保证教育资金的合理利用。另一方面，教育部、审计署相继针对内部审计机构出台政策文件，扩展其业务类型，拓宽其职责权限，强化其工作目标。随着国家对内审工作的不断加强，内审工作已逐渐成为高校内审工作中的一项重要内容。高校内部控制审计研究的实践意义在于推动高校管理和发展的持续优化和提升。深入研究和实践高校内部控制审计可以在多个方面取得显著成效，为高校提供有效的管理手段和决策支持，确保高校的运营更加高效、稳健，并为其可持续发展做出积极贡献。

第一，实践高校内部控制审计有助于提高高校内部管理效率。高校作为一个庞大的组织体系，涉及众多方面的运作和决策。内部控制审计可以帮助高校发现管理流程中的问题和不足，优化各项管理制度和规范，提高决策的科学性和效率。通过内部控制的规范化实践，高校可以更好地应对日益复杂的管理挑战，提升整体管理水平。第二，实践高校内部控制审计对于保障高校财务安全至关重要。高校作为一个重要的财务实体，涉及大量资金的流动和使用。内部控制审计可以帮助高校发现财务方面的风险和问题，及时采取措施进行纠正和防范，确保高校财务安全和稳健运作。对于高校而言，财务安全是维护学校声誉和社会信任的重要保障，而内部控制审计则是确保财务安全的有效手段。第三，实践高校内部控制审计有助于促进高校风险管理的能力。随着高校面临的各种风险不断增加，高校需要具备有效的风险管理机制。内部控制审计可以帮助高校识别和评估各类风险，为高校制定风险管理策略和措施提供依据。通过内部控制审计的实践，高校可以更好地应对风险挑战，保持稳健的经营态势。进一步地，实践高校内部控制审计有助于优化高校资源的利用效率。高校拥有丰富的资源，包括人才、资金、设施等，然而，如何有效地配置和利用这些资源，使其发挥最大的效益，是高校面临的重要问题。内部控制审计可以帮助高校识别资源利用中的问题和瓶颈，优化资源配置，提高资源利用效率，从而更好地支撑高校的教学和科研工作。第四，实践高校内部控制审计有助于提升高校的教育质量。教育是高校的核心任务，提供高质量的教育是高校的根本使命。内部控制审计可以帮助高校评估教育过程中存在的问题和改进空间，优化教学方法和策略，提高教学效果和学生学习体验。通过内部控制审计的实践，高校可以实现教育质量的不断提升，培养更多优秀的人才。第五，实践高校内部控制审计有助于加强高校与社会的互动与沟通。高校作为社会的重要组成部分，其管理和运作涉及广泛的社会利益。内部控制审计可以促进高校向社会公开审计结果，接受社会的监督和评价。高校与社会各界的互动和沟通，使得高校能够更好地了解社会的需求和期望，有助于高校将管理和发展与社会的实际需求相贴合，提高教育质量和服务水平，培养更具价值的人才，同时为社会提供更丰富的成果和贡献。

综上所述，高校内部控制审计研究的实践意义在于提高高校内部管理效率、保障财务安全、促进风险管理、优化资源利用效率、提升教育质量、加强内部合规管理，推动高校自身建设，以及加强高校与社会的互动与沟通。这些实践意义的实现将对高校的发展和稳定产生积极影响，使高校能够更好地履行其使命，为社会和国家的进步做出更大的贡献。因此，本书基于审计的视角，结合H高校内部控制审计案例，旨在分析高校内部控制审计的现状、存在的缺陷以及形成原因，并提出改进建议。希望研究结论可以积极推进我国高校内部控制审计工作的进步，促使高校持续改进内部控制，提升内部管理效率，并更加有效地履行其教育功能。

1.2 文献综述

1.2.1 内部控制与内部控制审计

（1）内部控制。

1949年，美国注册会计师协会（AICPA）在《内部控制，一种协调系统各要素及其对管理当局和注册会计师的重要性》一文中提到："内部控制是由组织机构设计以及在企业内部所采用的一切互相协调的手段与措施所组成，其目的是保护企业资产、审查会计数据是否准确可靠、提高经营效率、促进企业对既定管理政策的实施[3,195]。"1972 年，美国审计准则委员会（ASB）认为："内部控制是指单位为提高经营效率，全面高效地获取并利用各种资源以实现既定管理目标而对其特定环境中所进行的种种约束与规范的组织、技术、程序与手段。"

内部控制旨在实现预设的战略目标，在组织结构和业务流程等方面采取多种控制手段，以使经济活动中的风险保持在可接受的水平内。同时，还通过绩效考核，评估目标的完成程度，以此来调整和完善战略目标。经过二十多年的演进和不断更新，COSO 框架在 2017 年被更新为《企业风险管理框架》（Enterprise Risk Management - Integrating with Strategy and Performance），新版 COSO 框架以原则为指导，将企业绩效作为最终目标，并将风险管理与战略管理整合起来，强调内部控制对于企业价值创造和增值的重要性[5,98]。

我国学者对内部控制概念的研究始于 21 世纪初。吴水澎等（2000）[6]从控制论的基本原则出发，对内部控制进行了界定，认为内部控制是组织为了实现预设目标而采取的一系列方法和措施。樊行健和肖光红（2014）[7]借鉴马克思辩证唯物主义的认识论，基于以往的研究成果，将内部控制界定为以下内容：在一定的控制环境下，企业董事会、管理层与员工发挥牵制与约束、防护与引导、监督与影响、衡量与评价等职能，以保障公司资产安全、经营效率、财务报告可靠、遵守法律以及企业的可持续发展。阎达五和杨有红（2001）[8]认为，我国在建立内部控制框架时，应结合企业实际情况适当借鉴 COSO 结构，完善公司的治理结构，明确权利与责任，同时在内部控制框架的构建中，董事会被确定为核心地位，董事会在内部控制的设计和监督中扮演着重要角色，负责制定内部控制策略、审查和批准内部控制政策，确保内部控制的有效实施，并对内部控制的运作进行监督和评估。

国内外学者在确定内部控制目标时借鉴了其他学科的相关理论，结合经济学理论分析，杨雄胜（2006）[2]提出内部控制根本上是为了使组织持续稳定发展，提高公信力及社会认可度。Power（2000）[9]通过内部控制鼓励和限制管理者自身行为，从而达到减少委托代理成本的目的。Rotch（1993）[10]结合管理学理论，提出内部控制应以紧密围绕提高组织经营效率和质量为核心，从而实现最终目标。基于这些观点，本书强调有效的内部控制系统不仅应关注会计控制，还应强化对会计控制、资产保护、业务流程控制、运营控制、风险控制和沟通与监督等其他业务流程和运营方面的控制，这样可以确保公司的整体运作更加高效和可靠。

此外，除了本书强调的强化对其他业务流程和运营方面的控制外，许多学者也从审计学的角度对内部控制目标进行了深入探讨，这为建立有效的内部控制系统提供了有价值的观点和指导。阎达五和杨有红（2001）[8]提出实现方便注册会计师将抽样审计与内部控制相互融合，并对内部控制的建立与实施进行评估，从而提高审计效率和质量，是现代企业完善内部制度的最终目的。而王鲁平等（2014）[11]认为企业内部控制与内部审计两者目的相同都旨在促进企业的良性发展，通过内部审计，企业可以更好地监督和评估内部控制的有效性，及时发现潜在问题，并采取适当的措施加以改进，从而确保企业运营的稳健和可持续发展。

（2）内部控制审计。

在2002年通过的《萨班斯—奥克斯利法案》中，涉及了内部控制和内部控制审计的内容。它认为企业管理层应当建立健全内部控制体系，这一法案的颁布标志着内部控制报告由自愿性披露向强制性披露转型。2004年，美国公认会计师事务所监督委员会（PCAOB）发布的第2号文件对财务报告内部控制审计进行了定义，财务报告内部控制审计是指注册会计师对上市公司所出具的财务报告的内部控制有效性进行检测和评估，并根据评估结果提供审计意见。在我国，内部控制审计主要有两种观点，即传统审计拓展观和传统审计创新观。传统审计拓展观认为内部控制审计是在财务数据参与企业管理活动的基础上进行拓展的，是传统审计领域的延伸。相较于传统审计，这只是在审计流程和方法上进行了创新。而传统审计创新观认为企业财务数据与管理信息的内部控制审计与传统审计存在本质区别，具有特定的审计流程和审计方法。

国外研究认为，上市公司管理层应当每年在年度报告中公开披露内部控制报告，以说明公司内部控制的有效性，并由独立审计机构出具内部控制审计意见，提交给美国证券交易委员会（SEC）。Church 等（2001）[12]通过对披露重大漏洞的上市公司进行研究，并与同行业的其他企业进行比较，可以发现披露重大漏洞的企业通常表现出业绩较差、规模较小、成立时间较短、业务复杂以及资本成本过高等特征。Coram 等（2008）[13]针对 261 家存在内部控制缺陷的上市公司进行研究后发现，内部控制的实质性缺陷与企业的盈利能力、规模大小等因素无关，相反，这些缺陷主要是由于资源分配不足所导致的。Heather（2010）[14]基于对多家被注册会计师认定对于存在内部控制缺陷的上市公司进行分析和整理，可以得出结论：上市公司在报告期内的组织变化和组织结构等因素会影响内部控制信息的披露。Bryan（2017）[15]发现，即使企业内部存在由注册会计师认定的内部控制缺陷，仍然会有上市公司不重视该问题而不对内部控制的漏洞采取措施。一些国外学者对内部控制审计的执行成本提出了质疑，包括安永等大多数机构和学者认为，《萨班斯—奥克斯利法案》和 ASNO. 2 准则的出台增加了上市公司的审计成本。同时，由于审计成本远高于上市公司进入证券交易市场可能获得的收入，提高审计成本可能导致上市公司退出市场。ASNO. 5 准则出台主要是为了解决该争议，该准则通过减少了一些非必需的审计程序与工作，从而合理地降低了审计成本，将该成本约束在较为合理的范围内，使大部分上市公司都能接受。

国外学者针对内部控制审计还进行了其他丰富的研究。Arens（2012）[17]提出了将财务报表审计与内部控制审计相结合的方法，以此来评估审计对象的经营管理活动。Jennings（2008）[18]则认为可以从缺陷发生的可能性与重要性来判断公司是否存在内部控制缺陷。Onumah 等（2012）[19]通过分析 33 家上市公司的财务报告发现，企业内部控制环境对企业内部控制是否有效产生了重要影响。Rama（2013）[20]通过对企业进行研究和分析，以评估其内部控制的实施过程，确定了上市公司管理层和注册会计师的责任和义务。Suzana Guxholli 等（2012）[21]认为内部控制审计作为可以为企业赢得附加效益一项非常具体的管理型工具从而发挥自身价值。Dimitrijevic 等（2015）[22]通过整合和分析上市公司的信息，得出结论：子公司的数量与内部审计机构需要具备的审计人员的专业知识和执业水平要求之间存在正相关关系，同时也与公司的生产经营状况的复杂程度相关。Puying Kuang（2016）[23]从风险管理的角度来看，公司进行内部控制审计带来了多种好处。首先，它有助于识别和评估潜在风险，并及时采取措施进行修复和改进；其次，内部控制审计可以提供对组织运作的全面了解，帮助管理层更好地规划和决策，内部控制审计还有助于提高公司的运营效率，优化资源分配，并提升整体绩效。最重要的是，通过内部审计机构进行内部控制，可以确保审计的独立性和客观性，减少潜在利益冲突和偏见，从而提高内部控制审计的有效性。审计工作可以有效地合理配置资金用途，从而改善及提升公司的经营管理情况。

国内学者对企业内部审计的研究相对较晚。2008 年，财政部发布了《企业内部控制基本规范》，这是我国内部控制发展的重要里程碑[99]，该规范明确要求会计事务所应按规定对受审企业的内部控制进行审计，并出具审计意见报告。2010 年，五部委联合发布了《企业内部控制配套指引》，其中包括针对内部控制的“应用指引”“评价指引”和“审计指引”，这些指引要求上市公司管理层需要在公司内部审计机构的配合下进行内部控制的自我评价工作，并在年末披露自我评价结果。

我国学者通过借鉴国外研究并结合我国实际情况来指导准则的制定。荀光亮（2014）[24]通过对比研究中日两国的内部控制审计准则，发现我国在内部控制审计方面存在很多不足之处。相较而言，日本已经经过多年的探索，建立了较为完善的内部控制审计体系，因此我国可以汲取日本在内部控制准则方面的优秀经验，对我国的内部审计准则进行改进。阚京华等（2014）[25]通过分析披露美国内部控制审计准则的内容、形式以及指标，并对具体问题具体分析。刘玉廷和王宏（2015）[26]对英美两国的内部控制审计体系进行了详细分析，认为这两个国家的体系相对健全，为我国准则制定提供了有益的借鉴。

国内学者也对内部控制审计的主体和方法进行了研究。张龙平等（2009）[27]在深入研究中，对以风险为导向、自上而下的内部控制审计具体方法及其应用进行了详细探讨，研究指出，审计人员可以利用这种方法，将重点放在高风险的企业内部控制领域，从而将精力集中在关键风险领域的审计工作上。杨有红和李宇立（2011）[28]提出了如何识别和确认关于企业的内部控制缺陷的方法，首先是识别内部控制缺陷，然后是判断其严重程度，最后缺陷认定权限划分。吴寿元（2014）[29]认为外部独立的注册会计师和内部审计部门的审计人员都可以作为内部控制评价的主体，由于内部审计人员对公司的运行情况更加了解，因而内部审计人员更适合作为内部控制评审的主体。时现（2015）[30]调查发现，当前的内部控制审计人员由于缺乏审计或相关专业背景，因而难以就企业的内部控制缺陷提供有效的建议。

此外，国内学者在其他方面也进行了广泛的研究。施平（2013）[31]在研究中，对财务报表审计和财务报表内部控制审计的理论基础进行了分析和整合，并从供需视角、成本效益视角以及风险管理的角度对整合审计理论和方法进行了讨论。陈丽（2015）[32]对 2011 年和 2012 年在深交所上市的公司的内部控制审计报告进行了整理和收集，通过实证研究发现，内部控制审计报告的披露有助于提高上市企业盈余质量。贺婧（2016）[33]对主板上市企业的内部控制审计报告进行了信息整理和收集，通过实证研究发现，内部审计部门的独立性与会计师事务所对企业所出具的无保留内部控制审计意见的可能性存在正相关关系。陈梦回（2016）[34]对比分析了中美两国的内部控制审计准则，并以此为基础提出了相关建议，以促进我国准则建设的发展。

1.2.2 行政事业单位内部控制与行政事业单位内部控制审计

在前期研究中，内部控制和审计能很好地推动公司管理，它们相互补充但又相互独立。随着研究的进一步深入和审计实践的演进，学术界和实业界对内部控制和审计整合和应用的重要性日益提升，并将其研究扩展到行政机构。

（1）行政事业单位内部控制。

行政事业单位是我国行政管理、执法监督和社会服务的具体执行主体，在功能上与国外的政府部门和公共部门相似。考虑到我国当前行政事业单位内部控制建设实践的适应性，本书所整理的文献并未对政府部门和公共部门进行详细区分。美国是世界上最健全的一个国家，也是最早建立内部控制体系的国家，1983 年，美国审计局发布了《国家政府内部控制指南》，这是全球首个以法律形式规范政府内部控制的文件[98]。随后，该指南在 1999 年和 2014 年进行了两次修订，2014 年修订的版本不仅在内容上与 COSO 框架有较大的一致性，还提出了评估政府内部控制体系效率的方法[35]。刘永泽和况玉书（2015）[36]研究后得出结论，修订后的准则为各国政府部门提供了一种新的规范，指导它们如何高效地设计、实施和运行内部控制体系。

除了美国以外，其他国家和地区也非常重视公共组织和政府单位的内部控制。2001 年，国际会计师联合会（IFAC）发布了《公共治理：管理层视角》报告[98]，详细阐述了内部控制理念对于促进良好政府治理的作用。2004 年，《公共部门内部控制准则指南》（INTOSAI）的发布不但综合了公共部门内部控制的特征，而且吸收了 COSO 架构中的风险管理思想，还特别强调了风险评价在国家和公共部门中的重要性[38]。

与西方国家相比，我国对行政事业单位内部控制的研究要晚得多，这与我国近年来对行政事业单位内部控制的关注程度有所增加有关。周圆和宗新颖（2006）[39]对 7 家地级市的行政事业单位进行现场调查后，发现它们的内部控制存在许多问题，认为迫切需要在国家层面制定适合我国行政事业单位特点和管理模式的内部控制规范。王光远（2009）[40,98]通过对美国联邦政府内部控制的法律法规、规章和体系建设过程进行考察，指出我国政府内部控制的构建可以通过会计、审计等手段来监督和监控政府的内部控制，从而保证政府管理人员能够有效地完成其公共信托职责、达到其所期望的目的。刘永泽和张亮（2012）[41]在研究中提出，我国构建行政事业单位的内部控制体系应该建立在国家立法的基础上，并以内部审计为补充，以信息披露为核心，以外部审计为监督机制，来确保政府机关内部控制的有效运行。

自《行政事业单位内部控制规范（试行）》在我国正式实施以来，对这一问题的研究日益增加。王海红（2014）[42,98]指出，该规范紧密结合了我国机关事业单位的经济运行特点，针对内部管理中的薄弱环节进行着重加强构建机制。李晶晶（2014）[43]提出了各单位要根据《规范》，积极推进企业内部控制制度的构建，并提出了四点措施，即：创造良好的内部环境，完善企业预算管理，提高企业信息质量，构建内部控制评估和监管制度。财政部在2016年6月发布了《关于进行行政事业单位内部控制基础性评价工作的通知》，该通知要求各级机关必须对自身单位的内控状况进行全面评价，并根据评价结果提出相应的措施，以完善单位的内部控制[98]。唐大鹏等（2016）[44,98]认为财政部的指标评分表在单位层面主要关注内部控制重要性的认知程度和制度的完善程度，用以综合评估内部控制状况。

（2）行政事业单位内部控制审计。

美国政府会计组织于2014年修改了《联邦政府内部控制准则》，这次修订在保留了5个要素的基础上，增加了17个原则，大大丰富了准则的内容，有利于联邦政府内部审计人员更好地开展审计工作[100]。然而，直到2012年行政事业单位的内部控制和内部控制审计问题才开始受到学术界的重视，并展开相关的研究工作，相关的文献并不多。

在行政事业单位内部控制审计的研究方面。唐大鹏（2015）[48]基于十八届三中全会提出的完善国家治理体系目标的背景，对审计与行政事业单位的内在关联性进行了探讨，并论证了审计在推动行政事业单位内部控制建立健全方面的独特优势。毛腾飞（2016）[49,101]对行政事业单位的内部控制审计的内涵和实质进行了阐述，并提出了内部控制审计的概念框架、内容和逻辑关系。康丹（2016）[50]通过对行政事业单位内部控制的影响进行分析，指出其重要性体现在符合国家法律法规要求、完善内部控制环境、加强监督以及增强风险管理方面。黄英（2017）[51]讨论了行政事业单位进行内部控制审计的紧迫性，并论证了其对单位的重要性，提出关于完善行政事业单位内部控制审计的方案。

国内学者通过理论研究为单位内部控制的外部审计主体提出了明确的建议。唐大鹏等（2015）[48,100]通过分析国家审计和行政事业单位内部控制的内在关联，提出国家审计应承担自身职责，对各部门的组织机构建设、岗位职责分工以及业务流程设计和实施等方面进行监督和检查。与此同时，尹律和徐光华（2015）[52]建议将行政事业单位的内部控制与外部监督结合起来，实现内控与外控的有机结合，以提升政府治理的整体效率。王榕（2016）[53,101]针对近年来《行政事业单位内部控制规范（试行）》的实施效果不理想的问题，其指出主要原因在于内部控制意识不足、制度不健全、审计机构缺乏独立性，以及人员专业技能不合格。王敏（2016）[54,101]认为，当前我国行政事业单位内部控制审计制度不完善，意识薄弱，工作人员的业务能力不够并且执行力不足。黄昌义（2017）[55,101]进一步指出，行政事业单位内部控制审计报告的命名混乱，披露方式不透明，非财务报告的内部控制缺陷难以发现。

许多学者提出了宝贵的建议，以加强行政事业单位内部控制审计。张琳（2015）[56]认为，要加强单位领导的责任感，领导者要为内控审计创造一个良好的环境，单位内部要构建一个完善的内控审计体系，要强化全面预算管理和会计管理以提高资产管理的有效性，同时要强化对事业单位的监督。师平（2014）[57]同样认为，为了改善内部控制审计的环境，需要明确责任和目标，并充分发挥会计在其中的作用，同时加强信息系统的建设，并引入绩效考核体系，以进一步提升内部控制审计的效果和质量。刘宁博（2017）[58]提出了要提高内控的质量，要进行内控的审核评估，要明确内控的审核评估标准。

1.2.3 高校内部控制与高校内部控制审计

（1）高校内部控制。

由于我国公办高等院校的本质类似于西方国家所称的“公共部

门”，而西方国家的高等院校更倾向于采用企业化的管理方式，因此，在探讨大学内部控制的研究文献中，国外的研究主要是从企业内部控制的理论和框架出发，而国内的研究则主要是从行政事业单位内部控制的理论和框架出发。公元9世纪位于摩洛哥菲斯城建立的加鲁因大学在国际上首次对高校内部管理进行了系统的研究，加鲁因大学自成立以来，就非常注重预算、财务收支以及审批等方面的管理。在现代学校管理中，N. Beech和R. Macintosh（2008）[59]指出，中世纪的大学主要依赖教会提供资金支持，而如今的现代大学则主要依靠政府拨款和社会赞助来筹措经费，这使得大学必须极度重视内部控制，特别是在预算管理方面，以确保资金的有效利用不受影响。G. Agyemang和J. Broadbent（2015）[60]指出，高校的内部控制不应局限于财务体系，而是要涵盖高校所有的经济行为，乃至高校的整体管理体系。国内学者关于高校内部控制的研究主要分为以下几类。

①在大学内部控制架构的建设方面。赵涓和周阳（2014）[61,98]在对美国高校内部控制的发展过程及其特征分析的基础上，提出了我国高校内部控制框架体系构建应借鉴美国高校内部控制方法，以《行政事业单位内部控制规范》为指导，将预算管理作为主要内容，将资金管理作为主要任务，以进一步完善和优化高校业务流程设计。根据赵红卫（2015）[62,98]的观点，高校与企业在办学性质上存在显著差异，从组织目标、管理体制、组织架构以及业务特征等方面体现出来，因此，在高校内部控制方面，不能直接将COSO框架中的四个目标和五个主要因素应用于其中。赵红卫[98]将高校内部控制的基本类型划分为：内部控制活动、内部控制体制、内部控制机制和内部控制理念，并提出高校内部控制的框架应包括三个方面：理念框架、实践框架和信息化系统。刘焕蕊（2017）[63,98]的近期研究指出，构建我国大学的内部控制体系时，必须全面考虑其身为事业单位的特质，以及内部转型升级的过程，在此基础上，要同时强调合规性、报告性和运营性这三个关键维度。董必荣和凌华（2016）[64,98]指出，我国公办高校的内部控制不仅要关注经济业务的具体细节，还必须强调对高层决策的监督，并以外部管理方式实现有

效的把控，要达成这一目标，可通过多重措施来实施。对于高校内部控制发展现状的研究，常青（2016）[65]发现美国大学的内部控制制度较为完善，主要体现在：第一，三权制衡的监督制度，美国大学普遍建立了董事会、校长和评议会。这三个机构之间相互制衡，有效地避免了大学内部权力的过度集中。这种制度安排有助于确保决策的多元化和透明度，促进了权力的合理运行和制约。通过董事会的监督、校长的领导和评议会的参与，美国大学能够更好地平衡各方利益，并确保决策的公正性和可持续性。这样的制度设计提供了一种有效的内部控制机制，有助于防止权力滥用和腐败行为的发生，同时也促进了大学的发展和良好治理。第二，财务管理与透明度，美国大学注重财务管理的规范和透明度。它们建立了严格的财务制度和流程，确保资金的合理分配和使用，财务报告和预算管理等方面都受到严格监督，以确保资源的有效利用和风险的控制。第三，内部审计与评估，美国大学进行定期的内部审计和评估，以评估内部控制的有效性和合规性。这些审计和评估的结果被用于改进和优化内部控制系统，以及发现和解决潜在的风险和问题。第四，法规合规与监管，美国大学受到严格的法规合规要求和监管机构的监督。它们需要遵守相关的法律法规，包括财务报告、招生录取、研究伦理等方面的规定，监管机构对大学的运营和内部控制进行监督，以确保其合法合规运作。综上所述，美国大学的内部控制制度相对较为完善，通过三权制衡的监督制度、财务管理与透明度、内部审计与评估以及法规合规与监管等方面的措施，有效地保障了大学的运作和管理的合理性、透明性和可持续性。这些经验可以为其他国家和地区的大学内部控制制度的发展提供有益的借鉴和参考。韩东海（2015）[66,98]研究结果发现，尽管我国高等院校积极响应内部控制制度，然而在实际建设过程中，无论是在单位层面还是企业层面，都面临一系列棘手问题。为应对这些挑战，他提出了一系列切实可行的解决方案，包括制定具体的实施策略，将规范融入工作中；完善监督检查机制等，通过这些措施，希望能够有效解决高校内部控制建设中的问题，并确保其落实到位。徐淑霞（2018）[67]在进行了调研后认为，今后大学在内部控制建设方面需要特别关注以下难题：形式化程度不足、工作实施碎片化、建设缺乏标准化、风险管理不充分、信息化进展滞后等，同时，也需要加强对高校内部控制理论的研究。

②关于大学内部控制评价的研究。王卫星和赵刚（2008）[68]根据对企业内部控制评估资料的查阅，结合大学的教育目的和学校特征，将大学内部控制评估的指标分为三类：控制环境、控制活动和评价监督，每一类下都有 12 项具体指标，用于评估大学内部控制的有效性和合规性。这些指标帮助我们评估大学内部控制的情况，确保其符合预期目标并能够有效应对潜在风险。陈文川和黄凯颖（2015）[69]研究后认为，传统的层次分析法（AHP）虽然在评估指标之间的层次关系上有一定优势，但却无法很好地捕捉同一层次指标之间错综复杂的相互影响关系。在实际应用中，往往存在多个指标之间相互依赖、相互影响的情况，而 AHP 难以准确地反映这种关系，为了弥补这一不足，他们引入了网络层次分析法（ANP）。与 AHP 不同，ANP 能够更好地处理指标之间的多对多关系，因此更适用于反映复杂的网络化关系。通过 ANP，不仅可以评估指标之间的层次结构，还能捕捉到同一层次指标之间相互影响的复杂关联，从而更全面地评估各项指标的重要性。通过引入 ANP，指标评价的科学性得到了增强，研究者能够更准确地分析各个指标在整体内控体系中的作用，从而为决策提供更有力的支持。丁妥和张艳辉（2018）[70]指出，为验证组织的内部控制制度的有效性，可以从两个主要角度进行衡量，即内部控制制度的建立效果和实施效果。为确保评估的客观性，他们采用了德尔菲法来确定各项指标的权重，通过专家的集体意见收集和多轮投票，得出了权重的合理分配，从而确保了评价指标的客观性和准确性。以一所高校为案例，他们应用所构建的指标体系，对该高校的内部控制制度进行了验证。通过对该案例的实际应用，能够更具体地证明所提出的评价体系在实践中的可行性和适用性。通过这种方法，不仅为内部控制制度的有效性评估提供了一种科学的框架，还通过实际案例验证了所构建指标体系的合理性，为组织内部控制的提升和优化提供了有力的支持和指导。这种方法的应用将有助于更全面地了解

内部控制的强弱点，从而为组织的持续改进提供更有针对性的建议。综上所述，陈文川和黄凯颖提出了引入网络层次分析法（ANP）改进指标评价的方法，而丁妥和张艳辉则强调了内部控制制度建立和实施的有效性评估，并通过德尔菲法确定了指标权重。这些方法和研究可为内部控制评估提供更科学和合理的指导。

（2）高校内部控制审计。

关于高校内部控制审计方面的研究主要有理论研究、实务研究以及指标体系研究等。

①在高校内部控制审计理论研究方面，众多学者进行了丰富的探讨。叶习红（2008）[71]指出，近几年来，高校在资产管理、物资采购、基础建设以及对外投资中出现的贪腐现象其根源就是大学的内部控制制度不完善。肖建义（2004）[72]指出，内控审计的作用是“监督”与“服务”，即对各单位的内控进行全面、有效的监督，从而促进学校加强管理，提高学校的管理水平。罗红雨（2014）[73]认为，凸显出高校内部控制和审计的兴起源自新公共管理运动，以及对更为精细管理的需求，学者们将焦点放在法人治理架构、内部控制意识觉醒上。这些方面的分析有助于更全面地理解高校内部控制和审计的发展趋势，以及其在提升管理效能方面的作用。这些深入研究和探讨，为高校内部控制和审计的理论和实践提供了有力支持，通过对法人治理、内部控制觉醒、内审部门作用，以及审计对象特殊性的细致分析，我们能够更好地理解这些领域的挑战和机遇，从而为高校管理的改进和提升提供有益的启示。陈丽等（2016）[74]建立了高校内部控制审计的SWOT矩阵，该矩阵用作确定目标和持续改进的基础，进而对优化高校内部控制审计的发展路径进行了详细探索。这些研究为高校内部控制和审计领域的理论与实践提供了有益的启示与指导，为未来的发展方向提供了有力的支持。

②在我国高等学校的内控审计实务研究中，有许多学者对内控审计的程序、模式和方法作了较深入的探讨。肖建义（2004）[72]将高校的内部控制审计划分为三个关键阶段：筹备阶段、实施阶段和结束阶段。每个阶段都有其独特的流程和内容，以确保高效的内部控制审计过程。刘

红梅（2004）[75]在探讨实施阶段的审计内容时认为，审计团队将紧密围绕内部控制的关键要素展开评估，审计团队能够全面了解高校内部控制的有效性和合规性。这有助于高校在实现其目标的过程中降低风险，提升管理效能。叶习红（2008）[71]提出，高校的内部控制审计可以分为两大类模式，针对业务特点的全面审计和由审计处主导的动态审计。此外，叶习红还总结了高校内部控制审计的方法。科学编制审计方案确保审计的目标、范围和方法都得到明确界定，从而保证审计的有针对性；有效实施现场审计则是通过数据收集、文件审阅、访谈等手段，深入了解内部控制的实际情况。谢卫华和徐建科（2010）[76]在高校加强科研资金审计的基础上，对拨付、预算、支出和结算等四个核心方面进行更深入的审查，特别注重风险的辨识、全面评估以及有效的风险应对措施。这样可以确保科研经费的合理使用，提高财务透明度，进一步增强高校科研活动的质量和可持续发展。杨明亮（2011）[77]认为学校有必要加强对科研经费的拨付、预算编制、支出执行以及账务结算等四个方面进行审计工作，特别需要聚焦于风险的辨识、评估以及风险应对机制。这样的举措能够进一步增强资金使用的透明度与规范性，确保科研经费的有效利用和合理分配。此外，对于潜在的违规行为和不当操作，审计还能够起到预警作用，保障科研活动的诚信性和可持续发展。麻东锋（2015）[78]深入研究了高校内部控制审计的优化路径，从监督评估、咨询建议和信息共享的角度展开了深入分析。在监督评估方面，加强对高校内部控制体系的定期审查，有助于及早发现潜在问题并进行纠正，从而确保资源的有效配置和管理；提供咨询建议，为高校制定更加精细化的内部控制策略，使其适应不断变化的科研和教育环境；积极推动信息交流，促进高校之间的经验共享，从而减少重复劳动，提高内部控制审计效率和质量。这一系列措施有助于高校实现更加透明、高效和合规的科研经费使用，进一步提升整体管理水平。马尚敏和李卫中（2015）[79]以内部控制的五大要素为基础，深入研究了高校科研资金的内控审计要点。这些要素包括环境控制、风险评估、控制活动、信息与沟通以及监督机制，这些要点的深入探讨将有助于高校科研资金内控审计更加系统和全面地运作，提高资源的有效管理和利用。杨从印、刘晓华等（2016）[80]通过调查揭示了当前内部控制方面的一些强项和薄弱环节，基于分析结果，提出了一系列建议，为进一步改进我国高等学校的内部控制状况，高等学校进一步加强内部控制，提升管理水平。杨忠莲和张硕（2016）[81]通过对我国高等院校内部控制审计实务发展状况的分析，从治理角度探索我国高等院校内部控制审计的优化途径，并提出相关对策建议。刘晓晨（2017）[82]从“固有风险”“控制风险”和“评价风险”三个方面，对高校内部控制审计工作中可能出现的风险进行了分析，并对风险的防范措施进行了探讨。周山（2018）[83]对高等学校内部控制审计的边界进行了定义，并针对可能出现在单位层次和业务层次上的风险点提出了相应的控制测试方法，此外，他们还探索了内部控制审计报告的编制方法。张玲和李军（2018）[84]立足于预算收支、财务收支、非税收入、违规支出、政府采购以及基建项目管理等六大方面，对高等学校内部控制审计的风险进行了深入研究与分析。这些风险涉及了资金使用的透明度、合规性、合理性以及资源的有效管理，通过综合性的内部控制审计，高校可以有效识别和评估这些风险，采取相应措施，确保学校资源的合理使用和保障。这一系列措施将有助于提升高等学校管理水平，促进教育事业的可持续发展。唐茹涛（2018）[85]通过对高校装备管理的业务流程进行深入探索，以及对装备管理的内部控制审计内容、程序和方法的研究，对高校装备管理的内控系统进行了全面评价，此评价主要从合规性、真实性和效益性三个关键角度出发，对其健全性和有效性进行了综合评估，以保障装备管理的高效运作。通过一系列改进举措，高校能够更好地管理和利用装备资源，提高内部控制的效能，确保装备管理在合规、真实和有效的基础上实现更好的贡献和价值。郁晓丹和宗燕（2018）[86]在新的ERM框架下，对高等学校内控审计风险评价流程进行了优化，并对内控审计风险评价方法进行了较为深入的探讨。周旭枚（2018）[87]深入分析了高校内部控制全面审计和动态审计两种模式的优劣之处，同时提出了一种以风险为导向的高校内部控制审计模式。这一模式更加注重风险的辨识、评估和管理，以更精准的方式提升内部控制的效能。在全面审计模式中，优势在于其广泛性，能够覆盖各个环节，发现多样化的问题。相比之下，动态审计模式强调在关键环节实时监控和干预，有效遏制风险，但其局限在于难以在大范围内全面涵盖。针对上述模式的局限性，他提出以风险为导向的高校内部控制审计模式，这种模式在审计时更加聚焦于风险点，即集中资源在可能存在问题的领域，更精准地发现和解决风险。这需要建立科学的风险评估机制，根据风险程度制订审计计划，确保审计工作有针对性地发挥作用，这种以风险为导向的内部控制审计模式有望在高校管理中发挥更加精准和有效的作用。

③在高校内部控制审计指标体系的研究方面，学者从多个角度进行了探讨。唐华琳（2010）[88]提出了构建高校内部控制审计评价标准的基本原则，包括明确的目标导向、明晰的风险导向、结合一般指标和具体指标，以及平衡定性指标和定量指标的相结合等，这些原则在构建高校内部控制审计指标体系的过程中起到了关键作用，确保评价体系的科学性和全面性。这些原则的应用在高校内部控制审计指标体系的构建中，有助于确保评价标准的科学性和实用性。肖薇（2016）[89]提出了一套专门针对高等院校基础设施建设项目的内部控制审计评估系统，重点围绕内部控制的五要素展开对基建项目的内部控制审计评价。马志宏（2017）[90]针对高校基建工程的全过程，凭借管理层面和业务层面的重要环节和关键内容，建立适用于高校基建工程的内部控制审计评价指标体系显得非常必要。这个指标体系不仅有助于多个角度全面评估高校基建工程的内部控制，也有助于提高工程的规范管理，保障资源的合理配置。王春园（2018）[91]对高校内部控制审计过程的规范进行了深入研究，将内部控制的五大主要因素作为评估标准和指标体系的核心，从而构建了适用于大学的内部控制审计评估和审计系统。内部控制的五大主要因素包括控制环境、风险评估、控制活动、信息与沟通与监督机制，这一内部控制审计评估和审计系统有助于高校确保其内部运作的透明性、合规性和有效性，同时也能够提供一个基于事实数据的改进框架，使内部控制体系不断适应变化的需求。赵艳红（2019）[92]通过深入剖析

我国高校在政府采购过程中存在的问题和风险，结合上海交通大学的案例研究，已成功构建适用于我国高校政府采购过程的内部控制审计关键指标体系，这一体系不仅有助于揭示问题所在，更为高校政府采购的规范与有效提供了有力支持。

1.2.4 文献述评

尽管相较于其他国家，我国的内部控制审计尚在起步时较晚，但由于内部控制在各类组织体系中所占据的战略地位，一直受到国家、企业以及相关机构的高度重视。随着市场经济的不断发展，内部控制在保障企业财务稳定、防范风险和提升治理效能方面显得尤为重要。我国逐步认识到，优秀的内部控制体系有助于增强企业的竞争力，提高资源的有效利用，促进可持续发展。因此，国家相关机构逐步制定了一系列法律法规和指导性文件，推动企业建立健全内部控制制度，并要求定期进行内部控制审计，以确保其有效性。不仅在企业领域，内部控制在公共部门、教育机构等各类组织中同样具有重要意义，政府部门也在积极推动内部控制的落实，以提升公共资源的利用效率，减少浪费和滥用，增强政府治理的透明性和效能。尽管内部控制审计起步在我国相对较晚，但在现实需求的推动下，它已逐步成为一个重要的治理机制，得到了国家、企业和机构的高度关注和支持，这也有助于提高我国各领域组织的运营质量、风险管理能力以及整体治理水平。

我国高校作为国家重要的教育、科研和人才培养基地，在内部控制审计方面也逐渐加强了管理和监督。通过建立科学的内部控制制度和有效的内部控制审计机制，高校能够更好地保障财务管理的规范化和合规化，防范经费管理中的贪污和腐败问题，保证教育教学质量和科研水平的提高。因此，加强高校内部控制审计工作具有重要意义。在对国内外文献的梳理中我们可以观察到，关于内部控制审计的评估和研究已经形成了相对成熟的方法和理论框架，尤其是在《审计署关于内部审计工作的规定》颁布后，高校内部控制审计的相关研究得到了重视。具体而言，目前国内外还缺乏统一的内部控制审计标准和规范，需要加强内部控制审计与其他审计形式的协同配合，形成完整的审计体系，为高校的可持续发展提供坚实的保障。然而，在目前对高校内部控制审计的积极探索过程中，也存在一些不完善的地方：第一，国外学者对于内部控制审计的准则和政策制定等方面更加关注，而国内对制度层面的研究关注不足，在现有文献中，关于高校内部控制审计的理论研究较少，缺少理论依据；第二，针对国外高校内部控制审计的比较研究较为稀缺，探讨国外高校如何开展内部控制审计，并与我国高校进行比较，能够为我国高校的内部审计研究提供经验教训。以上观点表明，高校内部控制审计仍然有很大的探索空间，并且需要进行更深入的研究。

1.3 研究思路与研究方法

1.3.1 研究思路

近年来，内部控制已成为组织经营管理活动中的重要组成部分。随着社会的发展，各类组织对内部控制提出了更高的要求。作为内部控制的进一步延伸，内部控制审计能持续优化内部控制体系。我国高校作为国家重要的教育、科研和人才培养基地，在内部控制审计方面也逐渐加强了管理和监督。本书的研究思路梳理如下：

第一，可以通过文献检索、网络搜索以及阅读报刊等途径，收集和整理国内外关于内部控制审计的文献，以了解该领域研究的最新进展。

第二，通过对国内外内部控制审计的历史、发展和现状进行细致梳理，我们可以深入了解美国、英国、法国和日本等国家在内部控制审计领域的实践经验与做法。美国在内部控制审计方面，强调独立性和专业性；英国注重风险管理，推动公司披露内部控制制度，并加强了审计委员会的角色；法国则强调内部控制的有效性，要求上市公司进行风险评估和内部控制自查；日本注重内部控制的连续改进，强调企业文化和内部沟通。这些国家的实践经验为我国内部控制审计提供了启示。

第三，通过阐述我国高校内部控制审计的审计流程，分析在审计实务中如何进行优化；了解在实施内部控制审计程序、获得充分适当的审计证据后，应当如何出具和分析审计报告。

第四，以H高校的内部控制审计为例，本书分析当前我国高校内部控制审计存在的问题，并提出相应的建议。综合这些建议，认为H高校可以改进内部控制审计制度，提升内部控制水平，从而更好地保障高校的健康发展和管理效率。

1.3.2 研究方法

（1）规范研究法。本书将高校内部控制审计作为主要对象，系统地整理了国内外有关的研究文献。在研读大量文献的基础上，对已有的、较为成熟的研究成果进行了有针对性的借鉴和参考，从而提炼出了高校内部控制审计独特的研究视角，为实现研究思路展开了全面的理论学习。对现有文献的细致整理，为本书提供了一个相对完善的理论指导框架，同时也为后续更深入的研究提供了有力的支持和发展空间。这些文献研究从多个角度深入探讨了相关领域的重要问题，为我们提供了深刻的见解和观点。基于这些理论指导，能够更好地定义研究的问题陈述，明确研究的目标和方法。此外，文献中的实证研究和案例分析也为我们提供了丰富的实际数据和情境，有助于在实践中验证和应用理论。在未来的深入研究中，我们可以在已有文献的基础上深化分析，进一步拓展研究范围，挖掘出更多未被探索的领域。借助文献中的经验和方法，我们可以更精准地选择研究方法，从而使研究结果更有说服力。通过对比和批判性分析，我们还可以发现文献中可能存在的局限性，从而引发新的研究问题和思考方向。总之，现有文献为我们的研究提供了坚实的基础和指导，同时也激发了我们进一步探索的动力。通过在已有研究的基础上加以拓展和创新，我们有望为学术界和实际应用领域贡献新的知识和见解。

（2）案例研究法。以 H 高校内部控制审计实践为案例对象，本书对高校内部控制审计的实施情况进行总结和分析，通过将内部控制审计与审计理论相结合，概括和提炼了高校所面临的具体问题，并提出了有针对性的对策。本书探索了如何更好地推进和开展高校内部控制审计，为提升高校管理水平和运营效率提供了有力的指导。在实际案例中，本书研究发现 H 高校内部控制审计在实施过程中存在一些共性问题：首先，审计范围相对狭窄，通常以财务审计为主，缺乏对教学、科研和管理等方面的全面覆盖；其次，信息技术系统的安全性和数据保护存在薄弱环节，容易导致信息泄露和安全风险；最后，内部控制的培训和宣传不足，导致师生对内部控制意识的缺乏，影响内部控制的有效性。

结合审计理论，本书提出了一系列有针对性的对策：首先，建议高校拓展内部控制审计的范围，涵盖财务、教学、科研和管理等多个领域，确保全面性；其次，加强信息技术系统的安全保护，投入资源提升信息系统的安全性和稳定性；最后，高校应当加强内部控制培训和宣传，提高师生对内部控制的认识和重视程度。通过将内部控制审计与审计理论相结合，为高校内部控制审计提供了深入的分析和解决方案；通过实际案例的探讨，为高校管理部门提供了改进内部控制体系的思路和方法，以更好地保障高校的稳健发展。

1.4 研究内容与研究框架

1.4.1 研究内容

第 1 章为绪论。本书的选题背景与研究意义是：在当前高校日益复杂的运营环境下，内部控制审计作为保障高校管理效能和资源利用的关键手段，具有重要意义。本书以 H 高校为案例，深入探讨高校内部控制审计的实施情况，结合国内外文献，提出有针对性的对策，从而为高校内部控制体系的优化和提升提供理论和实践指导。在国内外现有文献的基础上，本书进行了广泛而深入的文献梳理，对高校内部控制审计的现状有了清晰的认识。通过对国内外相关研究的分析，本书发现高校内部控制审计在实施中存在模式单一、信息系统薄弱、内部控制意识不足等问题。

第 2 章为内部控制审计的理论基础。本章涵盖了内部控制、行政事业单位内部控制、高校内部控制、内部控制审计以及高校内部控制审计相关概念，帮助建立对高校内部控制审计领域的基本认知。进一步地，本章对内部控制审计的理论进行了深入的探讨，为后续的研究提供了坚实的理论依据。内部控制审计理论的论述不仅有助于我们理解内部控制审计的核心概念，还有助于揭示其在高校管理中的重要作用。这些理论观点为后续的研究提供了引导，使我们能够更准确地把握高校内部控制审计的实际意义和目标。在整个研究中，本书将以这些理论基础为指引，深入分析高校内部控制审计的实际情况，通过将理论与实践相结合，可以更好地理解内部控制审计的内涵。通过理论的引导，本书将能够更加系统地剖析高校内部控制审计的实践，为解决实际问题提供更加明确的思路和方法。

第 3 章为内部控制审计的国际发展历程及经验。本章详细呈现了国际上发达国家内部控制发展的历程，并阐述了这些国家在内部控制领域的主要经验和做法。与此同时，还进行了内部控制审计与财务报表审计的对比，凸显了它们之间的区别，从最初的强调财务核算到逐步扩展至风险管理、信息系统安全等领域。这些国家在内部控制领域积累了丰富的经验，不仅在法律法规上进行了规范，还建立了独立的审计机构，加强了内部控制的监督和评估。与财务报表审计相比，内部控制审计注重的是组织内部的流程、程序和风险管理，旨在保障组织的整体运营效能和合规性。财务报表审计主要关注财务信息的准确性和真实性，确保财务报表的可靠性，两者在审计对象、重点和目标上有所差异，因此内部控制审计在维护组织的整体稳健运作方面具有独特的价值。正因为内部控制审计在实践中的重要性，对其进行深入研究具有迫切的必要性。通过比较国际经验和实践，我们能够更好地理解内部控制审计的核心理念和方法，从而将这些经验应用于我国的高校内部控制体系建设中，提升高校管理的水平和效率。综合而言，本章通过总结国际发达国家的实践经验，强调了内部控制审计的价值和必要性；通过对比财务报表审计，进一步凸显了内部控制审计的独特作用，为后续研究提供了明确的研究方向。

第 4 章探讨了内部控制审计在中国的发展历程、现状以及存在的问题。本章首先针对高校内部控制，对我国高校内部控制审计的实践发展历程以及相关法规制度进行了梳理，然后在梳理现有研究的基础上，分析我国目前开展高校内部控制审计的现状、存在的问题以及主要原因。

第 5 章为高校内部控制审计流程。审计流程可以分为审计计划、审计实施和评价控制缺陷三个阶段。在审计计划阶段，审计团队制订整体的审计计划，明确审计的目标、范围、时间表以及所需资源；在审计实施阶段，审计团队执行审计计划，采集实际的审计证据，对内部控制制度进行实际测试和评价；在评价控制缺陷阶段，审计团队对审计实施阶段发现的问题和缺陷进行综合评价，形成最终的审计意见。通过这三个阶段的有序进行，审计团队可以深入了解高校内部控制系统的情况，发现问题并提出改进建议，最终形成准确的审计报告，为高校管理层和利益相关者提供重要的决策参考。

第 6 章为高校内部控制审计报告。本章阐述审计完成阶段的主要工作，并说明内部控制审计报告的四种意见类型以及应用条件，高校内部控制审计报告是对高校内部控制系统有效性的一份结论性文件，反映了内部控制审计的结果和发现，以及对高校内部控制制度的评价和建议。

第 7 章为高校内部控制审计案例分析。本章以 H 高校为例，对高校内部控制审计流程进行说明，并分析高校内部控制审计面临的挑战，探讨未来的发展方向。

第 8 章为研究结论、建议和展望。本章总结并归纳本书的研究内容，提出完善高校内部控制审计的建议，并对未来研究进行展望。

1.4.2 研究框架

本书的研究框架如图1－1所示。

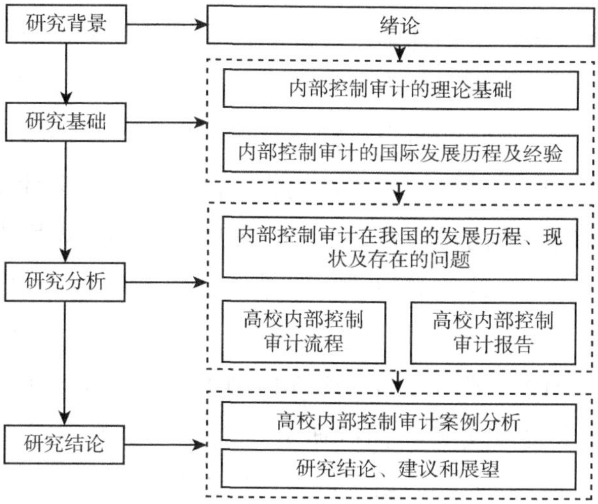

图1－1 本书的研究框架

1.5 主要创新点

在充分借鉴现有研究成果的基础上，本书对我国高校内部控制审计进行了深入的探索，为现有研究领域增添了新的贡献。通过在已有文献的基础上进行探讨，本书深入分析了我国高校内部控制审计的实施情况、问题及其对策。这种综合性的研究方法不仅有助于系统地总结和归纳相关领域的问题，还能够为高校管理部门提供有针对性的改进方案。这种针对高校内部控制审计的具体案例研究，为现有研究领域增添了新的深度和实用性。本书的探索也为内部控制审计领域提供了新的视角，通过将内部控制审计与审计理论相结合，更好地揭示了高校内部控制审计的核心问题和解决方案。这种跨领域的研究方式，为现有研究领域带来了新的思路和创新。总体而言，本书在借鉴前人研究的基础上，对我国高校内部控制审计问题进行了全面深入的探讨，提出了有针对性的对策。这些研究成果为内部控制审计领域增添了新的贡献，为高校管理和学术界提供了有价值的参考和指导。本书的创新之处主要体现在以下两个方面：

（1）以内审部门为主体的高校内部控制审计研究。在高校内部控制审计的研究中，内审部门通常是主要的执行主体，与企业不同，企业的内部控制审计通常由会计师事务所的注册会计师来完成，而高校内部控制审计则由高校内部的内审部门负责执行。高校内部控制审计的独特性在于，高校作为教育和研究机构，其运营模式、管理结构以及内部控制特点都与企业存在差异。内审部门作为高校内部的审计职能机构，更具有理解和把握高校内部运营的优势，能够更准确地识别潜在的风险和问题，提出有针对性的改进建议。这导致了现有《企业内部控制规范》和《企业内部控制配套指引》在高效内部控制审计方面的借鉴有限，然而，目前企业内审部门实施的内部控制审计更加强调工作的意义和发展方向，而较少关注实务方面的研究。因此，本书将以上述两点为基础，以高校内部控制审计为切入点，探讨以内审部门为实施主体的内部控制审计在高校这类事业单位中的更好实施方法。

（2）基于风险导向设计高校内部控制整合审计流程。本书旨在研究内部控制审计和财务报表审计的整合，以构建适用于高校的内部控制整合审计模式，通过以 H 高校为案例，分析当前高校内部控制审计面临的问题，并探索在高校内部审计力量相对薄弱的情况下可行的整合内部控制审计模式。

1.6　本章小结

本书立足于我国已颁布的有关内部控制审计的法律法规，首先对国内外相关研究进行了梳理，明确了当前高校内部控制审计领域的发展现状，然后阐明了本书的研究思路和方法，并进一步对于研究内容进行阐述，总结本书的研究框架，最后提出本书创新之处。

第2章 内部控制审计的理论基础

高校隶属于行政事业单位范畴，而行政事业单位内部控制与内部控制审计是一个比较新的课题，国内外很少有可供参考的地方，但是它的本质、要素和框架应该与企业内部控制审计相同，因此，本章主要对内部控制和内部控制审计相关概念进行界定，并梳理相关的理论研究，以便更好地理解内部控制审计理论与实践活动在高校的开展。

2.1 概念界定

2.1.1 内部控制

"控制"在《现代汉语词典》中被解释为"掌握住不使任意活动或超出范围"，根据罗伯特·西蒙斯在其著作《控制》中对控制体系的论述，一个完整的控制体系应由以下四个系统构成：

（1）信念系统。信念系统是组织内部控制体系的基石，它涉及核心价值观的传达，激励员工对组织的责任感，并策划探寻新的机会。这意味着组织需要明确和传达自己的愿景、使命和价值观，让每个员工都明白自己所从事的工作对组织的重要性。信念系统鼓励员工对组织的使命感到自豪，并为员工提供积极的工作动力，它还为组织提供了一个共同的价值观框架，使得员工可以根据这一框架来进行决策，确保他们的行为与组织的目标一致。

（2）边界系统。边界系统在内部控制体系中扮演着决定性的角色，它用于确定组织内各个层级的自主权范围，包括可接受的风险水平和商业行为准则。在现代商业环境中，组织必须在一定程度上允许员工在工作中拥有一定的自主权，以便更好地应对日常挑战和创造新的机会。然而，边界系统的建立也需要明确界定责任和权限，确保员工的决策和行为在合理的范围内进行，边界系统还可以帮助组织减少不必要的风险，并确保员工在开展业务活动时遵守相关法规和道德准则。

（3）诊断系统。诊断系统在内部控制体系中扮演着协调和控制战略的角色，它用于识别和分析组织所面临的机会和挑战，为制定战略提供支持和指导。通过诊断系统，组织可以及时评估自己的战略是否符合实际情况，是否能够实现组织的长期目标。这样，组织可以根据市场变化和内部状况进行调整和优化，保持竞争力和灵活性，诊断系统还能帮助组织更好地把握机会，避免潜在风险，并确保组织的战略与目标保持一致。

（4）交互系统。交互系统在内部控制体系中具有关键作用，它用于采集有关战略不确定因素和正在显现的机会等方面的信息，并在企业上下共享，通过交互系统，组织可以获得全面、准确的信息，了解外部环境和内部状况的变化。这有助于组织做出及时的反应和调整，使其能够更好地应对市场的挑战和机遇，交互系统还可以促进组织内部的学习和知识分享，激发员工的创新和发展，推动组织制定新的战略和解决新的问题。

总的来说，一个完整的控制体系应该由信念系统、边界系统、诊断系统和交互系统构成。这四个系统相互连接，共同构建起高效的内部控制框架。信念系统传达核心价值观，激励员工对组织的责任感，并策划探寻新的机会；边界系统确定自主权范围，包括可接受的风险及商业行为准则；诊断系统协调和控制战略，识别和分析机会与挑战，为制定战略提供支持；交互系统采集信息并在组织内部共享，推动员工学习和制定新的战略。在实际应用中，这四个系统相互协作，共同构建出一个高度灵活和稳健的内部控制体系，使组织能够在日益复杂和多变的商业环境中取得成功。

2.1.2　行政事业单位内部控制

根据 2012 年财政部颁布的《行政事业单位内部控制规范（试行）》（以下简称《规范》）中的定义，行政事业单位通过建立制度、实施措施和执行程序等方式，旨在达到控制目标，以预防和管理经济活动风险，并保证制度的完备性和措施的实效性。这一控制体系的核心在于确保资源的合理分配和使用，提高机构运作的透明度和效率，从而实现更高水平的治理和服务质量。为了在不断变化的环境中保持有效，行政事业单位需要持续评估和更新其内部控制措施，以适应新的挑战和需求。通过不断改进和加强内部控制，行政事业单位能够更好地履行其职责，维护公共利益，实现长远可持续发展[93]。其内容主要是根据国家有关法律法规来对内部控制体系进行建设，最大限度地构建了廉政风险防控机制，该机制主要从静态制度安排和动态内部管理活动两个方面来进行。静态制度安排指的是其自身的管理体系，它包含单位层面和业务层面的各项指标的管理制度，还阐述了贯彻落实这些制度所必要采取的控制措施和程序；动态内部管理活动指的是建立在已有各项制度的基础上进行各种风险评估和执行特定的程序，以达到对内部控制五大目标的自我检验自我制约的一个过程。

《规范》对内部控制建设进行了划分，包括“单位”和“业务”两个层面。单位层面是内部控制的顶层控制，涵盖了从单位的组织结构、运行机制、风险评估、监督整改和信息系统等方面；业务层面主要涉及具体业务本身的直接控制，其中包括传统的六大业务，如收支业务、预算业务和政府采购业务等。内部控制报告包含计划、实施情况以及发现的问题和改进计划，以便评估和监督内部控制的运作情况。这有助于保障公共资源的合理利用，提高治理水平，确保行政事业单位能够更好地履行其职责，同时提升对外界的信任和透明度。该文件要求行政事业单位开展内控自我评价工作，编制内控报告，对各部门的岗位职责进行明确。与此同时，一边进行内控自我检查、一边进行自我督促整改，这项工作可以更好地防范单位内部滥用权力、贪污腐败以及财政资金违规使用的现象，从而提高单位的治理水平，推进我国廉政建设的有效落实。

2.1.3 高校内部控制

教育部于2016年印发的《教育部直属高校经济活动内部控制指南（试行）》，明确了高校内部控制的含义：高校内部控制旨在通过制定制度、实施措施和实施过程，预防和控制学校经济活动中可能出现的各种风险，以实现办学目标。中国内部审计协会认为，高校内部控制包括一系列控制方法、保证措施和业务程序，其目的是实现教育事业的发展目标，确保资金和资产的安全、完整性，并合理有效地利用，同时也保证会计信息的真实性和准确性，以及贯彻实施相关法律法规[94]。高校与企业不同的是高校属于非营利组织，承担着教学科研和经营管理的双重任务，更需要执行内控审计，以保证国家资产的安全性，从而优化教育资源，减少和防止资源浪费。

高校内部控制建设任务包括组织架构和业务控制两个方面。组织架构主要是指其在党委领导下的校长负责制，尽管由于各个子系统如管理机构、科研机构、教辅机构以及校办企业等职能分工、管理模式并不是按照价值链的原则运行的，但是高校的业务具有特殊性，必须将学术权力和行政权力相互剥离，这样才能防止领导滥用手中的权力。各个部门要明确岗位职责与权限，将不相容的岗位分离开来，这样才能构建不同的考核评价机制。业务控制除了六大基础业务外，还包括教学、科研及后勤管理业务，应该明确各项业务基础性评价指标是否有效落实，然后分析经济活动风险隐患，制定评估机制与风险应对措施。

通过研究国内外有关高校内部控制的文献，并结合高校的具体情况，本书将高校内部控制定义为：高校党政领导班子及教职员工为实现教学科研事业的目标，通过制定制度、实施措施和执行程序，在高校内部建立的管理控制系统，旨在确保高校资源的合理配置和使用，提高管理效率，降低风险，保障高校的健康发展和良好治理，同时维护高校在教育领域的声誉和地位。高校内部控制具有以下特点。

（1）经营目标具有非营利性。

高校具有非营利性质，其经营目标主要集中在人才培养、科学研究、社会服务和文化传承等四个方面的重要职能，与以经济利益最大化为控制目标的企业不同，高校在开展内部控制活动时应专注于确保资金使用的安全规范、教育资源的合理配置以及办学风险的防范和化解。这反映了高校的使命是教育和研究，而非盈利。在内部控制实践中，高校需要强调保护教育质量、遵循教育法规、维护声誉，以及保障师生权益等方面的目标，而不仅仅是追求经济利益。这种特殊的定位决定了高校内部控制的重点和优先事项。

（2）资金来源渠道广泛。

随着高等教育制度的改革，高校的经费来源已经有了根本的改变，除了政府补贴和学费收入之外，还有银行贷款、校办企业收益以及校友和社会组织的捐款等。在此背景下，高校若不能对其进行有效的内部控制和内部监督，将极易产生腐败现象，高校资金来源的多元化带来的挑战使得对大学内部控制监督的要求更加严格和复杂。

（3）开展经济活动多样化。

为了确保高校教学和科研工作能够顺利进行，高校的经营活动确实涵盖了广泛的经济方面，包括基础建设、材料采购、收支管理、后勤管理以及附属公司和基金会的建立等，这种多样性的经济活动使得高校需要建立健全的内部控制制度，以确保资金使用的安全性和业务发展的合规性。同时，这些内部控制措施也能够保障学校办学活动的合法性，维护学校的声誉和信誉。通过强化内部控制，高校可以更好地管理风险、优化资源分配，并确保经济活动与教学科研的协调发展。

2.1.4　内部控制审计

在全球范围内，美国是最早提出“内部控制审计”这一概念的国家之一，标志着美国在内部控制审计方面的开创性进展。1912 年，著名会计学家罗伯特·希斯特·蒙哥马利（Robert Heister Montgomery）在其著作《审计：理论与实务》中首次提出了一种审计理念，即将资产负债表与内部控制系统相结合，以实现审计的目的。随后，1940 年，美国证券交易委员会（SEC）提出了对审计报告中加强内部控制审查要求的建议，美国注册会计师协会（AICPA）旗下的审计程序委员会（CAP）也在审计准则中强调了实施内部控制审计的必要性，帮助确保财务报告的可信度和透明度，以及保护投资者和利益相关方的权益。

21 世纪初，美国资本市场相继爆发了“安然”“世通”等公司的丑闻，揭示了上市公司内部控制存在的缺陷，这些丑闻不仅导致了信息的严重失真，还对公众利益造成了严重损害，2002 年 7 月，美国国会通过了《萨班斯—奥克斯利法案》（简称“萨班斯法案”），旨在重振投资者的信心并加强上市公司的责任意识。

根据法案中的 302 条款和 404 条款规定，上市公司的高管有责任公开披露对公司内部控制的评估报告，并接受注册会计师的独立审计，随后，国际上掀起了对内部控制审计问题的研究热潮，美国公众公司会计监督委员会（PCAOB）在 2004 年和 2007 年分别发布了两份内部控制审计准则，详细规定了注册会计师对企业财务报告和内部控制进行整合审计的要求，并强调了在审计过程中采用自上而下的审计方法和穿行测试的重要性，这些措施的实施加强了财务报告的可靠性，保护了投资者的权益。

在我国，20 世纪 90 年代见证了我国审计制度的演进与发展。1996 年，中国注册会计师协会发布了《独立审计具体准则第 9 号——内部控制与审计风险》[94]，为注册会计师在审计过程中对被审查者的内部控制进行评价提供了依据。从那时起，国内学者就对内部控制审计的理论与实务进行了大量的探讨并获得了一定的发展。张龙平（1997）[95]对准则进行全面解读后，指出内部控制审计是为了支持财务报表审计的关键过程，注册会计师可以通过有效评估被审计单位的内部控制，提高审计工作的效率，确保执业质量。内部控制审计的目标在于确认被审计单位的财务报表是否存在重大错误，以及内部控制是否足够可靠，能够防止和检测这些错误。通过审计内部控制，注册会计师可以更好地理解被审计单位的运营环境，识别潜在的风险和问题，从而有助于确定审计程序的范围和深度，提高审计的针对性和效益。这种有机结合的内部控制审计方法有助于保障财务报表的准确性和可靠性，维护投资者的信心，促进财务市场的稳定和发展。

21 世纪初，中国注册会计师协会（CICPA）和中国内部审计协会（CIIA）相继发布了《内部控制审核指导意见》以及《内部审计具体准则第 5 号——内部控制审计》，从外审和内审两个视角对内部控制审计的概念进行了明确定义。在此基础上，陈海清（2002）[96]认为现代审计的基础是内部控制审计，而内部控制审计的主体应该包括不仅限于注册会计师，还应涵盖内部审计人员，相比注册会计师，内部审计人员对被审计单位更加熟悉，因此能够进行有针对性且连续的内部控制审计，以更准确地评估企业内部控制的有效性。他进一步强调了内部控制审计的重要性，以及内部审计人员在确保企业内部控制有效性方面的作用。这种合作和整合有助于提高审计工作的效率和准确性，同时增加了对企业内部控制的监督和改进。随后，2010 年发布的《企业内部控制审计指引》（以下简称《指引》），旨在全面规范和指导内部控制审计工作的实施，有利于提升财务报告的可靠性和透明度，对维护市场秩序和投资者利益起到了重要的推动和引导作用。通过《指引》，企业和审计机构能够更加明确地了解内部控制审计的标准和流程，确保审计工作的一致性和准确性。这有助于建立起更为健全的内部控制体系，减少潜在的风险，提高投资者信心，促进市场的稳定发展。同时，这些指引也为内部审计人员和注册会计师提供了更清晰的指导，使他们能够更好地履行审计职责，保障财务报告的准确性和可信度。其中《指引》将内部控制审计定义为："会计师事务所接受委托，对特定基准日内部控制设计与运行的有效性进行审计"。刘玉廷（2010）[97]认为，随着《企业内部控制基本规范》和相应的指导方针的相继颁布，内控审计在我国的重要性逐渐凸显。他强调，会计师事务所应提高内部控制审计的独立性，确保内部控制审计业务与内部控制咨询业务之间建立坚实的“防火墙”。同时，还需深入研究内部控制审计的方法，制定一套完善的内部控制审计质量和管理规范。这些措施旨在保障内部控制审计的客观性和可信度，避免潜在的利益冲突，确保审计工作能够独立、公正，有助于提升内部控制审计的标准化水平，确保审计工作的一致性和准确性。这些举措不仅对会计师事务所的职业道德和责任具有重要意义，也有助于维护投资者和公众的信心，促进财务市场的稳定和发展。

2.1.5 高校内部控制审计

内部控制审计是一种新兴的管理审计方式，在内部审计部门实现从传统型内部审计向增值型内部审计的重要转变方面具有至关重要的意义。通过内部控制审计，内审部门能够更加注重评估和改进组织的内部控制体系，以提高运营效率、管理风险、防范欺诈和错误，并确保合规性。这种转变不仅仅是对财务方面的审计，还包括对运营、风险管理、信息技术等各个领域的审计。增值型内部审计强调为组织提供战略性、综合性的建议，帮助组织更好地达到其目标。通过内部控制审计，内审部门可以深入了解组织的内部运作，为管理层提供关键性的见解和建议，推动业务流程的改进和创新，提高整体效能。这种转变使得内部审计部门不仅仅是问题的发现者，还能成为问题的解决者，为组织的发展和持续改进做出更有价值的贡献。因此，内部控制审计在内审部门从传统型向增值型转变的过程中扮演着关键的角色，帮助组织更加敏锐地洞察机会和风险，提升内审的战略地位和影响力。

传统型内部审计主要关注组织的财务和合规性方面，通过检查流程和制度的合规性来确保内部控制的有效性。然而，随着企业环境的变化和管理理念的发展，仅仅关注合规性已经无法满足组织的需要。与传统型内部审计相比，增值型内部审计更加注重提供战略性的价值和建议。内部控制审计的目标不仅是确保合规性，还包括提高业务流程效率、降低风险、改善决策和资源利用等方面。内部控制审计的重要意义在于它能够帮助内审部门转变为组织价值创造的合作伙伴和顾问角色，通过审计内部控制，内审部门可以更好地了解组织的风险和挑战，并提供有针对性的建议和解决方案。这种转变不仅提升了内审部门的声誉和影响力，还能够增加组织的整体价值。为实现这种转变，内审部门需要培养审计人员的综合能力和专业知识，提高其对业务流程和风险管理的理解。

2011 年中国内审协会发布了《内部审计实务指南第 4 号——高校内部审计》准则，该准则认为高校内部控制审计是指“内部审计机构为了促进完善内部控制，保证其有效执行而对本单位内部控制体系的健全性、有效性所进行的了解、测试和评价活动”[94]。可以看出，内控审计作为内部控制的重要组成部分，能够有效地监督单位层面的内部控制建设与实施情况和业务层面的各类经济业务的控制情况，有效地综合反映出学校整体的内控水平。因此，作为开展增值型内部审计服务的重点单位，高校内控审计不仅实现对内部控制事前、事中、事后的动态监督，而且还有对控制环境等要素进行分析和测评教学、科研部门、教务部门等全面持续有效的实时评价。

即使是内部审计人员，要对高校整体内部控制进行全面审计也是具有挑战性的，更多情况下需要结合高校的发展战略、领导层的指导以及高校自身实际情况，针对关键方面进行工作。因此，在我国高校进行内部控制审计时，必须坚持风险导向、多种审计手段相结合、层层分解的原则审计任务，高校的内部控制涉及多个层面和领域，包括财务、运营、合规等方面，因此需要综合考虑不同的因素。风险导向意味着审计重点应该放在可能对高校目标和声誉产生影响的关键领域；多种审计手段相结合可以使用不同的方法和技术来评估内部控制的有效性，确保审计结果的全面性和准确性；通过层层分解的原则，将整体审计任务分解为不同的子任务，以便更好地管理和执行审计工作，这种综合性的审计方法能够更好地适应高校的复杂性和多样性，确保内部控制审计能够真正起到风险管理和改进的作用，帮助高校更好地履行其教育使命，维护公信力和声誉。高校内部控制审计主要的审计方法有以下几种。

（1）个别访谈法。

个别访谈法是指审计人员选择特定的个人进行直接的、非结构化的访谈，可以采用一对一、一对多或多对多的形式。这种方法通常用于全面了解高校内部控制状况。在进行个别访谈之前，审计人员会提前准备采访大纲，并提交给被访者，以便做好事前准备。审计人员应充分利用洞察力和沟通技巧，获取所需的审计信息，并详细记录访谈过程。这种方法有助于深入了解被访者的观点、经验和意见，从而为内部控制审计提供更全面的视角和信息。通过个别访谈，审计人员可以与高校内部的关键人员进行互动，了解他们对内部控制的看法、意识和实践。这有助于揭示潜在的问题、挑战和改进机会，为内部控制审计的发现和建议提供更深入的依据。同时，与被访者的交流也有助于建立信任，使得审计人员能够获得更准确的信息，并更好地解释审计的目的和价值。个别访谈法虽然非常有价值，但也需要审计人员具备较强的沟通和倾听能力，以确保访谈能够产生真实、全面的信息。另外，审计人员需要保持客观和中立，避免偏见和预设观点的影响，以保证访谈结果的客观性和准确性。

（2）问卷调查法。

问卷调查法是一种收集有关内部控制评估信息的方法，通过评估者对特定群体进行问答性调查。调查问卷的受访对象应包括各种与内部控制系统相关度高的人员，如校长、管理人员和教职员工等。这样的做法可以增加调查结果的可信度，并有助于评估内部控制的有效性。通过问卷调查，审计人员可以获得来自不同层次和部门的人员对内部控制的看法、意见和反馈，有助于综合考虑各方的观点，揭示内部控制存在的问题、弱点和改进的机会。同时，问卷调查可以更广泛地覆盖受访者，提供更多样化的信息，帮助审计人员全面了解内部控制的情况。然而，问卷调查法也可能面临受访者的回答不够详细或不准确的情况，以及回应率不高的挑战。因此，在设计问卷和分析结果时，需要审慎考虑问题的表述和回答选项，以及如何提高受访者的参与度和积极性。与个别访谈法相结合，可以弥补问卷调查的局限性，提供更全面、准确的评估信息。

（3）实地考察法。

实地考察法是一种重要的内部控制评价方法，专注于业务层面的内部控制情况。评价人员会通过实地查看的方式，评估被评价单位内部控制制度的合理性和各流程的有效执行情况。这通常包括采用一致的测试工作表，结合实际业务进行控制测试，如资产盘点、清查，库存出入和人员管理等控制环节，以确认内部控制的有效性。

（4）穿行测试法。

穿行测试法是一种评价方法，通过从内部控制体系中随机选择一个业务样本，对该业务流程所经历的每个控制环节进行检测和评估。该方法追踪检查从起点到终点的每个控制环节，以确保整个业务流程是否按照规定的控制措施执行。举例来说，可以对某笔支出业务的申请、批准、执行、审批、复核、支付等环节进行全面检查，这种方法有助于提高评价的准确性和可信度。

（5）抽样法。

抽样法是一种评价方法，通过从整体中抽取具有代表性的样本，对这些样本进行调查和测试，然后以此为基础对整体情况进行推论。这种方法通常用于评估高校业务流程内部控制的有效性，如收支业务、采购业务、实物资产、合同管理等。在使用抽样法时，关键在于确定抽样总体的范围以及选择样本的方法，确保选取的样本能够准确代表整体情况，从而进行可靠的评估和推断。

（6）比较分析法。

比较分析是一种评价方法，通过对相同的内部控制内容和指标在不同的时间和空间进行对比分析，以评估内部控制措施的差异。在高校采购控制分析中，例如，可以将当前期的实际采购数据与当期预算数据进行比较，以确定是否存在超预算的项目，并对其进行重点审查。这种方法有助于发现潜在的问题，如预算超支，从而更好地改进和优化内部控制措施。

2.2 理论基础

2.2.1 内部控制理论

控制论是20世纪40年代兴起的一种新的科学。1948年数学家诺伯特·维纳（Norbert Wiener）在他的《控制论》中对控制论进行了论述，包括控制主体、控制目标、控制对象等，他指出所有的控制系统都具有共同的基本特性，即信息交流与反馈。该著作的发表，不仅解决了系统中控制信息传输等一系列问题，也为现代控制论的形成奠定了基础。控制理论是涉及数学推导的学科，它使用数学方法来解释系统的改善、稳定运行和信息交流的原因，以实现自组织和自适应的目标。控制理论认为自动控制系统具有调节自身正常运行和稳定运行的能力，在一定程度上，经济系统、管理系统甚至社会系统都可以看作是这个系统的一部分。在控制理论中，所有信息的输入和反馈都源自于“控制”命令的下达。在这个过程中，信息会流动，涉及信息的传递、处理和处理过程，从而形成各种各样的指令。

会计控制理论的提出，既能够使控制理论更加完善和有逻辑性，又对控制理论的发展起到了积极的推动作用，同时对控制理论在经济管理中的运用起到了积极的推动作用。控制论中对系统中传输和控制的法则的研究，在许多工业和领域中都是非常重要的。在构建会计信息体系时，受到信息论和系统论的影响，控制论认识到科学性的重要性，并提出使用科学的方法来获取最优的信息。杨时展（1913～1997）是中国著名的经济学家和会计学家，他在1992年提出了控制理论在经济管理中的运用，并强调了会计信息系统的实时反馈性和符合人们想法的特点，这被认为是会计控制论的早期体现。内部控制就是利用控制论的基本原理来全面掌握单位的运作、对单位内部的经济管理及控制流程。行政事业单位的内部控制是对内部控制系统行为的具体执行。依照《规范》的要求，一般来说，控制主体是领导层，具体到高校就是高校的领导班子、校长、党委书记等，控制对象是指单位层面、业务层面内部控制设计及运行的各种活动，目的是促进行政事业单位更好地管理和使用公共资源，提高为人民服务的水平，同时企业内部控制属于控制论中的一项重要内容，以控制论的理论方法为手段，通过对企业内部的经营管理水平进行分析，以便各个部门之间能够提高风险防范能力，对企业管理的调控更有效。

2.2.2　现代契约理论

现代契约理论是企业组织理论的重要组成部分，最早由 Grossman 和 Hart 于 1990 年提出，随后在 1996 年由 Hart 和 Moore 进一步完善和发展，形成了现代契约理论，也被称为 Grossman – Hart – Moore 理论（GHM 理论）。该理论的核心观点在于揭示了现代契约的不完备性，因此也被称为不完全契约理论。在不完全契约理论中，企业和其他组织被认为是由多个契约构成的，但这些契约通常是不完全的。这种不完备性主要体现在以下几个方面：首先，由于签订合同时双方无法预见未来可能影响合同履行的因素，无法预知如何应对这些未知因素，也就无法将这些未知因素和应对方法写入合同中，因此，签订合同的双方都受限于有限理性。此外，在契约的签订和执行过程中，难以避免产生交易成本，如信息搜集费用、应对突发事件的处理费用以及确保契约条款履行的成本等，这种现代契约理论的不完备性导致需要采用其他机制来协助确保契约的签订和执行。当存在未知因素影响契约签订和履行，或者产生不可避免的交易成本时，契约双方需要确保有完全决策权的人来处理在签订和履行过程中产生的矛盾。

现代契约理论的不完备性促使研究者寻求创新的解决方案，以弥补契约的限制。为了应对未来的不确定性，一些学者提出了基于关系的方法，强调建立长期合作关系以减少风险。此外，信息技术的进步也为合同的监督和执行提供了新的途径。通过智能合约和区块链技术，组织可以实现自动化的执行和跟踪，从而减少交易成本并增加契约的执行效率。而一些研究者将注意力转向激励机制，试图通过奖励和惩罚来确保合同的履行。例如，利用契约中的激励条款，组织可以在一定程度上引导合同当事人的行为，使其更倾向于遵守合同。另外，一些监督机制如第三方仲裁和审计，也被视为应对不完备契约的有效手段，从而弥补了签订合同时的信息不对称问题。随着时间的推移，现代契约理论在不断演化，从对不完备契约的深入理解中产生了各种方法和策略。这些方法的共同目标是增强契约的有效性和可执行性，为企业组织提供更稳定和可靠的运作框架。

在非对称信息条件下，如何制定较为合理的契约规范，并对契约相关者的行为进行约束，是现代契约理论亟待解决的问题。在企业等职能部门中存在大量对内对外的契约关系，契约分析并不是单纯地追求最大化，而是通过比较不同的安排，最终达到西蒙所提出的“适度满足化”。在对企业和其他功能部门的内部控制机制进行研究时，通过契约分析对其进行分析是合理且与现实相吻合的设计方法，契约分析考虑了组织内部各方之间的权利、义务、责任和激励机制，以确保其行为符合整体目标和利益。基于契约的内部控制设计可以明确各方的角色和责任，建立明确的约束和激励机制，以促使各方按照契约规定的方式行事，并提供必要的监督和反馈机制。这种设计方法能够在实践中更好地适应实际情况，确保内部控制的有效性和合理性。

高校作为国家事业单位，确实是由一系列契约构成的集合体。这些契约涵盖了高校与政府、学生、教职员工、合作伙伴等各方之间的权利与义务。然而，由于现代契约的不完备性和复杂性，这个过程中难免会出现各种问题和潜在风险，高校内部控制审计作为对不完备契约机制的一种补充，具有重要的意义。首先，它可以提供对高校内部控制的独立评估，确保高校在合规性、透明度和问责制方面得到有效监督。内部控制审计帮助高校及时发现和纠正内部流程和制度的缺陷，降低潜在风险，提高高校运营的效率和稳定性。其次，高校内部控制审计可以保护契约参与者的利益，各方与高校签订的契约涉及复杂的权益关系，而内部控制审计有助于确保各方的权益得到尊重和保障。通过审计，可以防止潜在的欺诈行为，维护合作伙伴的信任，保障学生的学习和生活权益，确保教职员工的工作条件和薪酬合理，从而增强高校与各方之间的互信和合作关系。最后，高校内部控制审计提供有效的监督和度量机制。高校的发展需要有一个良好的绩效评估体系，而内部控制审计可以为高校的绩效评估提供重要的参考和数据支持。通过审计结果的分析，高校可以及时调整战略和决策，优化资源配置，确保高校的目标和使命得到实现。

为了确保高校的健康发展，实施有效的内部控制机制是至关重要的。高校内部控制审计作为对不完备契约机制的补充，为高校提供了重要的支持和保障，帮助高校发现潜在风险和问题，保护契约参与者的利益，提供有效的监督和度量机制。通过内部控制审计的实施，高校可以更好地应对现代契约的挑战，确保高校的稳健发展，实现其在培养优秀人才、推动社会进步等方面的使命和目标。在高校内部控制审计的实践中，还需要注意持续改进和创新。随着社会和经济的发展，高校面临着新的挑战和机遇，内部控制审计需要不断适应新的环境和需求，加强技术和知识的应用，提高审计的质量和效率。同时，高校内部控制审计应与高校的战略目标和发展需求相一致，确保审计工作的针对性和有效性，为高校的可持续发展提供有力保障。在高校内部控制审计的实践中，还需要强调以下几个方面的重要性。

（1）透明度和问责制。高校内部控制审计应当推动高校内部的透明度和问责制，通过公开透明的审计过程和结果，让各方了解高校的运营状况和管理情况，增加对高校的信任和支持。同时，建立健全的问责机制，对审计结果的执行情况进行跟踪和追踪，确保问题的整改和改进措施的落实。

（2）风险管理。高校内部控制审计应着重关注风险管理，审计师应识别和评估高校面临的各类风险，包括财务风险、经营风险、安全风险等，并提供相应的建议和解决方案。通过风险管理的实施，高校可以有效地预防潜在风险，降低损失和影响。

（3）效率和效益。高校内部控制审计应关注高校的运营效率和效益，审计师应评估高校的资源利用情况和管理效率，提供优化和改进建议。高校应积极采纳审计建议，优化资源配置，提高运营效率和效益，确保资源得到最大化利用。

（4）数据隐私和信息安全。随着高校信息系统的不断完善，数据隐私和信息安全的重要性不容忽视。高校内部控制审计应关注高校信息系统的安全性，确保敏感数据得到妥善保护，防止数据泄露和信息安全事件发生。

（5）环境可持续性。高校内部控制审计应逐渐关注高校的环境可持续性，审计师应评估高校的环保措施、资源利用效率等，以确保高校在发展中遵循可持续性原则，使环境造成的影响得到合理控制。

综上所述，高校内部控制审计在实践中具有重要意义，通过建立有效的内部控制机制，保障高校的健康发展，维护契约参与者的利益，提供有效的监督和度量机制。在现代高校中，内部控制审计不仅需要关注透明度和问责制，还要关注风险管理、效率和效益、数据隐私和信息安全，以及环境可持续性等方面。这样的多维度考虑能够使内部控制审计更好地适应高校所面临的挑战和发展需求，为高校的可持续发展提供有力的支持。实施高校内部控制审计不仅有助于确保高校稳健运作，还对整个教育体系的健康发展和社会的进步具有重要意义。通过强化透明度和问责制，高校能够更好地管理资源、维护声誉，增强信任和合作关系。风险管理的关注则有助于预防和减轻潜在的问题，保障高校的财务安全和声誉。同时，优化效率和效益能够使高校更有效地利用资源，提供更优质的教育服务。在数字化时代，保护数据隐私和信息安全尤为重要，高校需要确保学生和员工的个人信息得到妥善保护，以防止数据泄露和滥用。此外，关注环境可持续性可以促使高校采取更环保和可持续的管理做法，为未来的世代创造更好的环境。高校内部控制审计不仅是保障高校内部运作的重要手段，也是推动整个教育体系发展的关键因素。通过关注多个方面的要素，内部控制审计可以帮助高校在不断变化的环境中取得稳定和可持续的成长。

2.2.3　控制系统理论

系统是一个由多个相互影响、相互依存的要素构成的有机体，具有特定的功能和作用。系统可以是一个独立的个体，也可以是更大系统的组成部分。系统的特点在于其中的要素之间存在相互作用和相互关联，它们共同协作以实现系统的整体目标。这种相互依存和相互影响的关系使得系统能够适应环境变化、实现自组织和自适应，并发挥出更大的效益和价值。该系统具有三个关键特征：首先，系统具有整体性，即系统是一个统一的有机体，由多个相互依存的要素组成，彼此之间相互关联，共同协同工作以实现系统整体目标；其次，系统的要素之间存在相互作用和相互依存的关系，它们相互影响并共同塑造系统的行为和性质；最后，系统与外部环境相互作用，受到外界因素的影响，同时也通过反馈与外界进行交流和调节，这种相互作用使系统能够适应环境变化，实现自我调节和适应，以实现系统的稳定性和适应性。

近年来，随着理论研究的不断深入，人们逐渐意识到系统的内在整体性以及系统是由多个相互关联和依赖的要素构成的有机整体，尤其在对企业和其他职能部门进行研究时，系统论的方法被广泛运用于探讨内部控制问题。系统论方法成为研究内部控制问题的普遍方法论，为构建科学的内部控制机制提供了指导。在这种方法的指引下，人们更加注重理解和应对外部环境对系统的影响。企业作为复杂的系统工程，系统论的方法对于分析和优化内部控制机制具有重要意义。通过运用系统论的方法，可以更好地理解系统的整体性，优化各要素之间的关联，从而建立起更科学、有效的内部控制机制。

2.2.4　委托代理理论

20 世纪 30 年代，委托代理理论不断发展起来并为研究内部控制审计提供了不可或缺的重要理论支撑。在现代企业中，委托代理关系是一种常见现象，在这种关系中，所有者或股东扮演委托人的角色，而管理者则是代理人。然而，代理人通常拥有比委托人更多的信息和决策权，代理人的行为可能与委托人的利益不能完全一致，委托代理理论的研究关注于如何解决代理问题，以确保代理人在履行其职责时更加合理地考虑委托人的利益，这包括设计合理的契约和激励机制，以确保代理人的行为符合委托人的利益，并促使代理人为委托人创造最大化的价值。一些解决方法包括设定适当的奖励和惩罚机制、建立监督和控制机制、完善信息披露制度等。委托代理理论对于理解企业治理、内部控制和审计等领域具有重要意义，提供了分析和解决委托代理问题的理论框架，并为实践中的决策制定者提供了指导。通过理解委托代理关系的特点和应对策略，可以提高企业的效率和绩效。

新制度经济学派的学者对委托代理理论进行了进一步的拓展和扩展，他们认为委托代理关系不仅仅存在于企业内部，还涵盖了社会中的各种交易，只要涉及非对称信息。在这些关系中，一方拥有信息优势，即相对另一方拥有更多或更好的信息。这一拓展意味着委托代理理论的应用范围更广泛，不仅适用于企业内部的股东和管理者关系，还适用于其他各种社会交易，如合同、市场交易等。在这些情况下，信息不对称和利益冲突仍然可能导致一方追求自身利益而忽视另一方的利益，新制度经济学派的这一观点强调了委托代理关系在各种经济和社会环境中的普遍性，为我们理解各种交易中的信息不对称问题和潜在的代理问题提供了更深入的视角。这种拓展有助于制定更有效的制度和机制，为减少信息不对称带来的负面影响，并促进更加公平和有效的交易。新制度经济学派的学者强调了委托代理关系的广泛性和普遍性。无论是经济交易、合同关系还是政府监管等，都存在信息不对称的情况，需要设计相应的机制来解决委托代理问题。这些学者研究了制度设计、契约理论、交易成本等方面的内容，以深入理解委托代理关系，并提出了改善委托代理问题的建议和方法。新制度经济学的贡献使得委托代理理论的适用范围更加广泛，不再局限于企业内部，而是应用于更广泛的社会领域。这些扩展为我们理解和解决现实世界中的委托代理问题提供了更丰富的理论工具和视角。依照这个标准，政府、高校、社会公众三者之间也存在多层次委托代理关系，具体归纳如表2-1所示。

表2-1　政府、高校与社会公众间各层次委托代理关系归纳表

层级	委托代理关系	委托人	代理人	关系说明
第一层	社会公众与政府	社会公众	政府	根据我国实行社会主义公有制的原则，高等教育资源作为社会公共资源的一部分，应归属于社会公众的所有，社会公众将其委托给政府进行高等教育资源的分配和管理，从而形成第一层委托代理关系
第二层	政府与高校	政府	高校	政府与高校之间存在一种上下级的属隶关系，政府通过任命高校管理层的方式委托他们向公众提供高等教育服务，从而形成第二层委托代理关系
第三层	社会公众与高校	社会公众	高校	学生和社会公众与高校之间建立了一种间接的代理关系，学生和社会公众作为最终的委托人，高校则扮演着最终的代理人角色，高校在社会中扮演着重要的角色，它们不仅为学生提供教育资源，还是科研成果和技术创新的重要源泉，从而使社会公众也能够受益

但是，在公共政策制定过程中，决策者往往具有一定的机会主义倾向，这将使政府的职能难以发挥。在此背景下，为了克服政府“机会主义”心态，有必要进行有效的信息交换，并对其进行深入研究。因此，要想提高政府绩效，就必须建立并健全相应的约束和监督机制，规范政府的行为，以保证公共目标的实现。

我国的公立高校是以国有资产为主的事业单位，由上级主管机关直接管理，全部资产归国家，资金来源以国家财政补贴和学费收入为主，实行的是《高等学校会计制度》和《高等学校财务制度》主要财务制度，严格执行收支两条线，政府与高校之间的关系也是这样。由于在高校中，学术权力与行政权力不能很好地相互分离，因此领导层、行政管理部门等所处的地位不一样。在委托代理理论中，政府在委托代理关系中可以被称作“委托人”，而高校管理层则扮演“代理人”的角色。内部控制审计则是政府对高校内部控制的一种监督机制，其产生是基于这种委托代理关系，旨在确保高校管理层遵循委托人的意愿，保护政府的利益，以及保证高校的有效运作。通过审计高校的内部控制系统，政府可以更好地了解高校的经营情况。风险管理和资源使用情况，从而减少代理问题可能带来的潜在风险。这一委托代理关系下的内部控制审计有助于确保高校管理层与政府的利益保持一致，防止信息不对称和利益冲突，也为高校提供了一种规范性的指导，以保障高校的可持续发展和社会责任。

2.2.5 新公共管理理论

20 世纪 80 年代，在对政府和其他公共行政机构进行改革的背景下，出现了“新公共行政”运动，新公共管理理论是世界各地公共管理部门广泛采用的先进管理理念，以其高效的管理模式而闻名。该理论强调将企业的管理模式作为政府管理模式改革的模板，并积极借鉴企业管理模式和思想，如引入目标管理、绩效管理和全面质量管理等概念。新公共管理理论提出了一系列改革措施，包括将职能型组织结构替换为过程型组织结构、以客户为中心、将服务人民作为使命、加快信息化改革以及提高信息披露速度等。在新公共管理理论的指导下，政府和其他公共服务部门能够更有效地分配公共资源，对各级管理部门进行有效控制，并持续优化自身的业务能力，以提高公共服务部门的工作效率和绩效。新公共管理理论鼓励公共服务部门重视战略规划的指导作用，鼓励被管理者积极参与管理，发挥监督和反馈的作用，从而促进管理者和被管理者之间的良性互动，推动公共服务机构实现更好的绩效目标。总而言之，新公共管理理论在借鉴企业管理经验的基础上，将绩效目标作为重要的管理模式，为政府等公共服务部门提供了良好的管理功能，提高了管理效率。

2.2.6 风险导向审计理论

风险导向审计理论是一种审计方法和理念，强调在审计过程中将风险管理的观念贯穿始终，以更全面和系统的方式识别、评估和管理潜在风险。这种理论强调审计应该关注组织内外的各种风险因素，从而为组织提供更具有战略性和预见性的建议，以实现更有效的风险管控和业务管理。对于高校而言，审计人员可以借助风险导向审计理论在保证充分职业怀疑之后选择合适的审计方法与流程对建设工程项目全过程跟踪审计，对于遇到的内部控制风险要引起足够重视，这样才能提高审计判断的准确性。

风险导向审计是指在审计活动中，强调将风险管理的理念贯穿始终，重点关注可能影响组织目标实现的各类风险。审计不仅仅局限于对财务报表的检查，还涉及对组织内部控制、业务流程、运营风险等方面的审查，以便全面了解和评估可能存在的风险。审计人员会识别各种内外部风险因素，分析其对组织的潜在影响，然后提出相应的风险管理建议，帮助组织更好地应对风险，确保运营的稳健性和可持续性。这种方法强调了风险管理在组织运营中的重要性，促使组织在决策和经营过程中更注重风险防范和应对策略的制定。风险导向审计是一种审计方法，通过全面了解被审计单位的内部控制情况并利用审计风险模型，综合评估被审计单位项目管理存在的风险。根据风险的程度，指导并帮助被审计单位有效地规避项目管理风险，最大限度地减少由项目管理错误带来的经济损失。在实际审计工作中，风险导向审计的重点主要集中在高风险区域，根据高风险区域的风险特征，采取差异化审计策略，测试高风险点的本质特点，从而指导帮助企业采取有效的控制措施和方法来管理项目风险。

风险导向审计最早在西方发达国家兴起并得到实践应用，如今已在许多欧美国家广泛应用。在中国，内部审计的发展经历了多个阶段，从最初的萌芽形成到以财务、业务和管理为导向的审计，共经历了四个历史发展阶段。尽管审计水平不断提高，但由于受限于内部审计理论，内部审计工作的重点主要局限于企业的财务、会计和具体业务等方面。然而，随着时代的发展，审计工作存在的缺陷逐渐显现，特别是在当前经济全球化加速发展、信息技术普及、市场竞争加剧以及企业所处的复杂环境和管理风险不断增加的背景下，企业决策层为了适应企业内外部环境的巨大变化，逐渐意识到内部审计工作的重要性。越来越多的企业开始关注风险导向审计，并将其应用于实际审计工作中，为企业内部审计工作带来了新的改变。

2.3 本章小结

本章首先阐述了内部控制和内部控制审计相关的概念，具体包括内部控制、行政事业单位内部控制、高校内部控制、内部控制审计以及高校内部控制审计。接下来，我们对相关理论进行了梳理和阐述，包括内部控制理论、控制系统理论、现代契约理论、委托代理理论、新公共管理理论以及风险导向审计理论，这些理论的介绍为后续研究提供了重要的理论依据和基础。

第3章　内部控制审计的国际发展历程及经验

3.1　内部控制的历史演进

人类的内控实践拥有悠久的历史，在公元前，古埃及、古罗马、古希腊以及古中国等古代文明国家，在国家治理过程中都存在着一种最基本的内部制约机制。西周时期，周王朝实行“三权分立”“九府出纳制”“交互考评制度”等措施以强化对财政收支的管理与控制。这三种制度构成了原始内部控制制度的基本组成部分，形成了相对科学的框架。古代内部控制制度的目的在于保障国家财务的安全，防止错误和官员的欺诈行为的发生。这些制度的建立旨在确保行政管理的透明度和公正性，从而维护国家的财政稳定和公共利益。通过制定规范和程序，古代社会努力防止财务失误和滥用职权等不当行为，以保护国家财务的完整和可持续发展。这些内部控制机制的出现，旨在维护秩序、保障公共利益，并为社会的持续稳定发展提供支持。

近代内部控制的演进始于18世纪产业革命之后，随着企业规模的不断扩大和资本的大众化而形成，这一时期标志着内部控制的起源，其发展历程经历了一系列阶段，逐渐完善，并最终构建了一个独立的经济管理学科。从那时起，内部控制不断在实践中迭代发展，塑造出内部控制体系的框架。在内部控制的发展变化过程中，我们可以将其划分为四个阶段，分别是内部牵制、内部控制制度、内部控制结构以及内部控制整合框架。

（1）内部牵制阶段（Internal Check）。

20世纪初，随着股份制公司的迅速扩张，标志着现代商业模式的崛起。这一时期见证了大规模工业化和资本积累，股份制公司的兴起使更多的人能够投资并分享企业的利润，同时也促进了更多的企业投资和发展。这种商业结构的普及对经济产生了深远的影响，塑造了现代商业和金融体系的基础，引发了对有效管理和控制的需求。因为企业的规模和复杂性增加，使得管理难度加大，一些企业开始尝试建立更严密的内部管理体系，以确保生产过程的顺利进行，资源的合理配置以及质量的保证。这种实践包括诸如制定内部规章制度、设立审核机构、建立财务报告制度等举措。这些措施旨在确保公司的经营活动遵循一定的规范，有效地管理和控制各项业务，同时这些实践也为后来的内部控制理论和方法提供了经验基础。总的来说，20 世纪初的企业实践为内部控制的发展奠定了基础，通过探索和尝试，为后来的企业管理和治理体系提供了宝贵的经验教训。

内部牵制机能的执行可以分为以下四个方面：首先，内部牵制机能的执行需要建立监督与审查机制，包括内部审计、内部控制评估和风险管理等，通过对企业各项活动和决策的审查和监督，发现潜在的问题和风险，并提出改进建议；其次，执行内部牵制机能需要建立有效的报告和沟通渠道，确保各级管理者和相关部门之间的信息流动和交流，这有助于及时传达问题和风险，并促使采取适当的措施加以解决；再次，为了有效执行内部牵制机能，员工需要接受相关培训和教育，了解企业的规章制度、道德准则和合规要求，培训与教育可以提高员工的风险意识和职业道德，增强他们对内部控制的重要性的认识；最后，内部牵制机能的执行需要建立反馈与改进机制，及时收集和分析执行过程中的反馈信息，识别问题和不足，并采取相应的改进措施。这有助于不断优化内部牵制机制，提高其有效性和适应性。通过执行以上四个方面的内部牵制机能，企业可以确保内部控制的有效运作，预防和应对潜在的风险和问题，保护企业的利益和声誉。

（2）内部控制制度阶段（Internal Control System）。

20 世纪 40 年代，公司规模不断扩大，市场竞争的日益激烈使得企业不断面临提高产品质量和降低成本的挑战。为了应对这些压力，企业开始采用新的工艺、技术和设备，推动了经营管理实践和理论的进步。在这一背景下，科学管理和组织管理理论的先驱者，如弗雷德里克·泰勒和亨利·法约尔对企业管理产生了深远影响，他们强调通过制定合理的管理制度和流程，提高生产效率和产品质量，以确保企业的生产和运营有序、高效，这一阶段强调内部控制的系统性和规范性，企业开始制定管理准则、审批程序等，以规范各项经营活动，同时也开始引入科学的方法来评估内部流程和效率，以不断优化运营管理。总的来说，20 世纪 40 年代，内部控制在适应工业革命和经济发展的背景下，进入了内部控制制度的阶段，这一阶段强调科学管理和组织理论对内部控制发展的影响，将规范、效率和流程优化作为核心目标，为内部控制的演进奠定了坚实基础。

1958 年，美国注册会计师协会发布了第 29 号审计程序公告《独立审计人员评价内部控制的范围》，这一公告标志着内部控制理论的进一步发展和细化。在这一公告中，内部控制被首次正式划分为两个方面，即“内部管理控制”和“内部会计控制”，引入了“制度二分法”的概念，不仅在允许组织在确保控制的有效性的同时，关注资源的有效使用，有助于避免不必要的开支，提高成本效益，还可以更有针对性地管理和调整其内部控制措施，以应对最重要的风险。这种内部控制的理念强调了在企业内部建立一种规范化和有序的运作方式，以确保企业的财务健康和经营稳定，这一公告为内部控制的发展奠定了更具体和细致的基础。

（3）内部控制结构阶段（Internal Control Structure）。

20 世纪 80 年代至 90 年代初，对于内部控制的理解逐渐从单一的制度规定扩展到更加关注实际业务风险的管理方法，这一阶段的发展强调了审计环境的复杂性和多样性，同时也意味着内部控制需要更加贴近实际经营活动和风险管理的需求。内部控制不再仅仅是一种制度，而是需要与企业的战略和运营紧密结合，以确保企业的持续稳健发展。内部控制结构包括三大要素。

①控制环境。控制环境是指在组织内部，董事会、管理者、业主以

及其他人员对控制的态度和行为形成的整体氛围和文化，这种环境对内部控制的有效性和稳健性产生深远影响。第一，企业的管理理念和经营方式对内部控制的建立和运行产生影响，如果企业注重诚信、合规和道德，内部控制体系就往往更加健全；第二，组织架构决定了权责分配和信息流动，清晰的组织架构有利于明确职责和权力，从而有助于内部控制的实施；第三，董事会和审计委员会在内部控制方面具有监督和指导作用，董事会的有效治理和审计委员会的独立性能够促进控制环境的健康发展；第四，涉及员工招聘、培训、激励和晋升的政策和程序，会影响员工对内部控制的重视程度；第五，明确的职权和责任有助于预防权力滥用和责任逃避，促进内部控制的有效运作；第六，管理者需要采取一系列措施来监控业务运作，包括制订业务计划、财务预算、经济预测等，以确保业务目标的达成和风险的控制。一个积极的控制环境将有助于员工遵循规定、管理风险和维护财务诚信，从而增强组织的稳定和可持续发展。

②会计制度。会计制度是为了规范和指导企业或组织财务活动而设立的一套方法和规定。它涵盖了经济交易的各个方面，包括交易确认、记录、分类、分析、登记和编报等环节，旨在确保财务信息的准确性、可靠性和一致性。一个良好的会计制度对企业和组织来说具有重要意义，它不仅为管理层提供了准确的财务数据，支持他们做出明智的决策，还为内部和外部利益相关者（如投资者、债权人、监管机构等）提供了关于组织经济状况基本信息。此外，一个健全的会计制度也有助于企业遵守法律法规和会计准则，确保财务信息的合规性和透明度。通过建立和遵循规范的会计流程，企业能够保护其财务诚信和声誉，防止潜在的欺诈行为和错误报告。总之，会计制度在维护企业财务健康、支持决策、合规性以及建立信任等方面都扮演着至关重要的角色。

③控制程序。控制程序所指的是管理当局所制定的政策和程序，旨在确保实现特定目标的措施。在内部控制体系中，会计制度是内部控制结构的核心，规定了如何确认、记录、分类、分析、登记和编报经济交易，确保财务信息的准确性和可靠性；控制程序有助于确保经济交易得

到适当处理，减少风险。外部环境因素是实现内部控制目标的重要保障，外部环境因素包括法律法规、市场竞争、行业标准等外部影响，一个健康的外部环境可以促使企业建立更加严密和有效的内部控制，从而应对外部风险，这一理念强调了内部控制的综合性和相互关联性。在评估企业的控制风险时，审计人员需要综合考虑这三个要素的相互作用，以确保企业内部控制的整体有效性和完整性。

（4）内部控制整合框架阶段（Internal Control Integrated Framework）。

随着企业业务范围的迅速扩大，公司的组织结构也在不断改进，越来越多的人开始认识到，仅仅重视内部控制而忽略对内部控制的建立和改进，会对公司内部控制的有效发挥产生影响。因此，学者们对企业内部控制的作用机制进行了更深入的研究，并将其内化为一个有机的框架。这一框架的构建和改进对于保证公司的内部控制功能起到了重要的作用。COSO 委员会在 1992 年发布的《内部控制——整体框架》反映了内部控制对于保障财务信息准确性、优化企业运营和确保合规性的重要作用。此外，该框架明确了内部控制的三个目标和五个要素，这些目标和要素为组织建立健全的内部控制体系提供了清晰的指导和框架，帮助企业有效管理风险、保障财务准确性，以及确保合规性，具体如下。

①控制环境（Control Environment）。控制环境涵盖董事会、管理层、业主以及其他人员对控制的态度和行为，也包括管理者用于监控和审查工作的控制手段，如业务计划、财务预算、经济预测、盈利计划、成本会计以及内部审计等。通过建立稳健的控制环境，企业能够有效地管理风险，确保组织内部运作的透明度和合规性。管理者的决策与领导风格在此过程中起着关键作用，而合理的组织架构和明确的职责分工有助于确保信息流畅、责任明确。董事会及审计委员会的监督职能，以及内部审核的实施，都有助于确保企业运作的合法性和正当性。在不断变化的商业环境中，不仅要持续评估和改进控制环境，还需要灵活地适应新的挑战和机遇。这需要管理者具备对市场和行业的敏锐洞察力，以便及时调整管理策略和控制手段。综上所述，建立健全的控制环境是企业长期成功的重要基石，需要持续投入和精心维护。

②风险评估（Risk Assessment）。风险评估是管理层对组织内外部风险的全面分析过程，包括识别可能影响业务目标实现的潜在威胁和不确定性。通过系统性的风险评估，管理层可以更好地了解风险的性质、影响程度以及可能性，从而有针对性地采取预防和应对措施。风险评估通常包括以下步骤：识别风险是确定可能对组织目标造成负面影响的内部和外部风险因素；制定应对策略是根据风险评估结果，制定相应的内部控制、风险转移或风险减轻策略；实施措施指将制定的应对策略转化为具体的行动计划，并在组织内部落实执行；监控与反馈是定期监测风险状况，检查实施措施的有效性，并根据反馈信息进行必要的调整和改进。通过风险评估，管理层可以更好地做出明智的决策，提前预防潜在问题，保障组织的稳健运营和可持续发展。

③控制活动（Control Activities）。控制活动是指在组织中实施的各种控制措施和程序，旨在确保业务目标的实现并保护资产免受损失。控制活动包括审批程序、账务核对、访问限制等一系列操作性控制措施。

④信息与沟通（Information and Communication）。信息与沟通是指确保内部控制信息及时准确地传递给相关人员的过程，包括有效的信息收集、处理和传递机制，以及建立有效的沟通渠道，使关键信息能够被适当的人员理解和使用。

⑤监督（Monitoring）。监督是指对内部控制系统的评估、监督和反馈的过程，包括定期的内部审计、管理层的监督以及针对发现的问题进行纠正和改进的措施，监督确保内部控制系统持续有效，并及时纠正任何存在的缺陷或问题。

这五个要素相互关联，共同构成了一个完整的内部控制体系，帮助组织管理风险、实现业务目标并保护利益。通过遵循 COSO 框架所提出的目标和要素，企业能够更有效地管理风险、提高经营效率，并确保合规性。这对于企业的可持续发展和信任建立起着至关重要的作用。COSO 的《内部控制——整体框架》通过这种结构清晰地展示了内部控制要素之间的相互关系。这种逻辑链条能够帮助企业更好地理解和应用内部控制的原则和要素，确保内部控制系统的有效性和一致性。相较于之前的内部控制理论，这份内部控制报告具有以下几个特点：①结构清晰。报告明确了内部控制要素之间的层次和关联，构建了一个清晰的框架，使读者能够更好地理解内部控制的组成和运作方式。②综合性。报告涵盖了内部控制的各个要素，从控制环境到监督，覆盖了内部控制的全过程，帮助组织全面管理和控制风险。③侧重实践。报告强调了内部控制的实践应用，将理论转化为实际操作的指导，帮助组织建立有效的内部控制体系。④统一性。报告提出了一个统一的内部控制框架，为企业和审计机构提供了一个共同的理解和应用基准，促进了内部控制的一致性和标准化。

总体而言，这份内部控制报告通过明确的结构和实践导向，有助于组织将内部控制看作一个整体，将不同的要素融合在一起，从而实现有效的风险管理和业务运作。内部控制的发展确实经历了一个漫长而丰富多彩的历程，从最初的简单约束活动逐步演变为一个系统性、综合性的实践体系，这个历史过程反映了多方面因素的相互影响和推动。科技的进步为内部控制提供了更多创新的手段和工具，如电子计算机、信息系统等，使内部控制能够更加高效地应对不断增长的业务规模和复杂性。同时，现代科学技术和管理理论的进步为内部控制提供了理论基础和方法论支持。系统论等新兴理论的引入，帮助企业更好地理解和优化内部控制体系，使其更符合现代企业的实际需求，外部审计的发展也在推动内部控制的不断完善。随着外部审计的要求越来越严格，企业需要建立更为健全和有效的内部控制，以保证财务报告的准确性和合规性。这种外部压力促使企业不断改进和加强内部控制体系，为外部审计提供充分的依据和信任。总的来说，内部控制的发展是一个与时俱进、不断演进的过程，受到了技术、理论和商业环境等多方面因素的共同影响，从而为企业提供更好的风险管理和运营效率。

3.2　审计在内部控制发展历程的变迁

在20世纪初期至中叶时期，审计的焦点主要是核实财务报表的准确性。审计师主要任务是确认公司的财务数据是否真实和可信，内部控制的概念尚未成熟，审计过程主要集中在检查账簿和账目的正确性上，而不是关注公司内部控制的有效性。20 世纪中叶，随着时间的推移，审计界逐渐认识到内部控制对财务报表的影响，内部控制的概念逐渐引入审计实践中，审计师开始考虑企业内部控制体系的存在以及其可能对财务数据的影响。这一时期标志着审计开始朝着更全面的方向发展。20 世纪后期，内部控制审计逐渐崭露头角，审计师开始评估公司的内部控制体系，以确定其是否能够有效防止或检测错误和不当行为。这一时期，审计程序逐渐包括内部控制的评估，以提高财务报表的可靠性。2002 年，美国通过了 Sarbanes – Oxley 法案（SOX），这一法案引入了更严格的内部控制要求，SOX 要求上市公司对其内部控制进行详细的评估和报告，这导致了内部控制审计的进一步强化，其他国家和地区也开始采取类似的法规来提高内部控制的质量。21 世纪，随着技术的进步，数据分析工具和人工智能技术在审计中得到广泛应用，从而提高了内部控制审计的效率，审计师能够更全面地评估内部控制的有效性，并更快地识别潜在问题。当前，现代审计越来越关注风险导向审计方法，审计师不仅关注错误的检测，还关注潜在的风险和内部控制的漏洞。审计师致力于提前发现问题并提供改进建议，以帮助公司更好地管理风险，凸显了审计与内部控制发展历程中的关键时期和重要变化，以及这些变化如何塑造了现代审计实践。

内部控制逐渐受到了更多的关注和重视，通过审计准则的引入以及财政部和五部委的配套指引，内部控制得到了更加明确的内涵和要素，并被纳入企业的日常管理和审计过程中。这些措施为企业提供了更加规范和有效的内部控制实施和评估方式。审计在内部控制发展历程的变迁如表 3 – 1 所示。

表 3 – 1　　审计在内部控制发展历程的变迁

时间	内部控制	财务报表审计	内部控制地位
20 世纪 30 年代以前	内部牵制阶段	账项基础审计	关注内部控制
20 世纪 30 年代至 60 年代	内部控制制度阶段	在财务报表审计中内部控制评价测试阶段	未独立，财务报表审计的辅助工作

续表

时间	内部控制	财务报表审计	内部控制地位
20 世纪 70 年代至 90 年代	内部控制结构阶段	内部控制的审核及报告阶段	未独立，财务报表审计的辅助工作，内部控制的有限保证
20 世纪 90 年代以后	内部控制整体框架阶段	内部控制的审核及报告阶段	未独立，财务报表审计的辅助工作，内部控制的有限保证
21 世纪初	基于企业风险管理整合框架的内部控制阶段	内部控制审计	趋于独立，内部控制信息从自愿性披露演变为强制性披露

3.3　美国对内部控制的实践与经验

3.3.1　美国内部控制的发展

内部控制审计是在美国发生安然、世通舞弊案后开始确立的新的审计领域。它由美国逐步推广到世界各国，美国在内部控制评价方面具有悠久的历史和代表性，并经历了三个阶段的发展。

（1）财务报表审计中的内部控制评价阶段（20 世纪初至 60 年代）。

20 世纪初，内部控制评价开始引入审计领域，并成为审计实践的基础。审计师和学者开始初步认识到内部控制对审计的重要性，他们开始意识到，仅仅依赖于检查账簿和凭证是不足以确保财务报表的可靠性和诚实性的。在这个时期，审计的法规和准则相对较少，审计实践较为灵活，内部控制评价具有有限的法规和指导。20 世纪初期的内部控制评价在审计领域开始崭露头角，但它的角色和重要性相对有限。随着时间的推移，审计法规和实践发生了显著变化，内部控制评价逐渐成为审计的不可或缺的组成部分，以确保财务报表的可靠性和完整性。这个领域的发展是审计实践不断演进的一部分。

20世纪40年代后期和50年代，审计准则逐渐演变，更加强调内部控制的评价和重要性。审计师被要求在审计过程中考虑客户的内部控制系统，并评估其有效性。美国注册会计师协会于1949年首次对内部控制进行了定义，强调内部控制是一个协作体系，对管理层和独立公共会计师都至关重要，这一定义奠定了内部控制评价的基础。之后，审计程序委员会（CAP）在内部控制评价的发展和完善中发挥了关键作用。他们致力于深入理解内部控制的含义、范围和目标，进一步规范了审计师的职责和要求。由于对内部控制的重要性认识不断增强，美国最终将内部控制评价正式规定为财务报表审计的必要程序，并将其写入审计准则中。这个举措标志着内部控制评价成为财务报表审计的不可或缺的组成部分。20世纪初至20世纪40年代后期的审计实践经历了从单纯的账项基础审计到制度基础审计的演变，内部控制评价逐渐成为财务报表审计的重要特征，并在审计准则中得到了明确的规定。这一演变反映了对财务报表审计过程的不断改进和加强，以确保财务报表的可靠性和透明度。

（2）财务报告内部控制审核阶段（20世纪70年代至90年代）。

内部控制评价的演变为独立的鉴证业务在一些重大事件中得到了高度重视，并受到职业团体、政府监管部门和立法机构的关注。以下是一些重要事件，对这一演变过程起到了重要作用。

①《1977年对外贿赂法案》是美国国会通过的一项法案，旨在打击美国企业向海外政府官员行贿的行为，以维护商业道德和公平竞争。该法案实施了两项主要条款：一是反行贿条款。该条款禁止美国公司、证券交易所注册的公司以及其他与美国相关的个人和实体向海外政府官员、政党或候选人行贿，以获取商业利益。此外，该条款还要求这些企业和个人在其财务报表中准确记录与此类贿赂相关的开支。二是会计要求条款。该条款要求上述企业建立和维护合适的内部会计控制体系，以确保其财务报表准确反映交易和资产的存在、准确性和完整性，《反国外贿赂法案》在执行上由美国司法部和美国证券交易委员会（SEC）负责。根据该法案，美国企业和个人必须遵守反贿赂和会计要求，违反法

律可能面临刑事和民事处罚。值得注意的是，《反国外贿赂法案》的适用范围不仅局限于美国企业，也适用于非美国企业，只要其在美国境内进行交易或证券交易所上市。

②科恩委员会的建议及SEC的回应和AICPA的行动。1974年，美国注册会计师协会（AICPA）成立了注册会计师责任委员会，也被称为科恩委员会（Cohen Committee）。科恩委员会（Cohen Committee）的建议主要涉及英国公司治理方面的准则和实践，旨在提高上市公司的治理标准。这个委员会于1991年成立，由英国的一些知名商界领袖组成，主要建议包括以下几点：科恩委员会建议公司应该任命独立董事，以确保董事会的独立性和独立决策能力。委员会提出了关于高级管理层薪酬透明度的建议，包括公开披露高级管理层的薪酬和奖金结构。建议加强董事会对公司经营管理的监督，确保董事会更积极地参与公司决策。科恩委员会强调了股东权益的重要性，鼓励公司与股东保持开放和透明的沟通，提出了关于公司风险管理的建议，以确保公司能够有效管理和应对风险。科恩报告的发布得到了财务高级管理人员协会（FEI）的认可，FEI还制定了指南来帮助其成员实施这些建议。在密切关注和研究科恩委员会和FEI工作成果的基础上，美国证券交易委员会（SEC）于1979年4月30日发布了《管理层对内部会计控制的公告》（Statement of Management on Internal Accounting Control）的征求意见稿，该征求意见稿建议要求公司管理层在向股东提交的年度报告中包含内部会计控制自评报告。然而，由于实施成本高、报告信息的非相关性以及内部控制标准的不明确等问题，该提议遭到了上市公司、注册会计师、律师和其他相关方的普遍质疑。因此，SEC于1980年决定暂缓执行该提议，未将其正式写入法规。这些举措表明在20世纪70年代，AICPA的科恩委员会和SEC都试图推动管理层对内部控制的披露和评价，并为此提供了指导和建议。然而，由于各种挑战和问题，这些提议的执行被推迟了。

③反欺诈财务报告委员会的建议及SEC的再次回应。反欺诈财务报告委员会（Committee on the Financial Report on Fraud and Irregularities）的建议以及美国证券交易委员会（SEC）的再次回应对于强化财务报表的透明度和抵御欺诈行为起到了重要作用。根据反欺诈财务报告委员会的建议，他们提出了以下几项措施来应对欺诈行为和提高财务报表的质量：加强内部控制，委员会强调了内部控制的重要性，并建议公司加强内部控制制度的设计和实施，这包括确保适当的授权和分离职责、建立有效的风险管理机制、加强内部审计和监督等；提高审计师的独立性和责任，委员会建议加强对审计师的独立性和责任要求，确保审计师能够客观、公正地履行其职责，并及时发现和报告任何欺诈行为；加强监管和法律法规的执行，委员会呼吁监管机构和法律机构加强对财务报表的监管和执法力度，对于欺诈行为给予严厉的处罚，并确保法律法规的执行。

在面对反欺诈财务报告委员会的建议后，SEC 再次强调了对财务报表的监管和保护投资者利益的重要性，SEC 承诺将加强对上市公司的监管和审查，特别关注财务报表的真实性和准确性，以预防和发现欺诈行为。作为回应，SEC 采取了一系列措施，包括加强对上市公司的抽样审计、提高对审计师的监管要求、加强对内部控制的评估和审核等。此外，SEC 还加大了对欺诈行为的调查力度，并对违规行为进行严厉的处罚，以起到威慑作用。这些委员会的建议和 SEC 的回应共同努力，旨在提高财务报表的质量和透明度，保护投资者的利益，维护市场的公平和稳定。

④1991 年出台《联邦储蓄保险公司改善法》。20 世纪 90 年代初，由于商业银行频繁破产，引发了公众对联邦存款保险公司（FDIC）命运的担忧。作为应对，美国国会于 1991 年颁布了《联邦储蓄保险公司改善法案》（Federal Deposit Insurance Corporation Improvement Act of 1991，FDICIA）。在该法案的第 36 节中规定，资产总额超过 5 亿美元的大型银行必须评估并报告其内部控制的有效性，同时要求注册会计师对管理层有关内部控制的声明进行验证。这一规定扩大了为大型银行提供财务报表审计服务的注册会计师的责任范围，FDICIA 确实在大型银行向联邦银行管理机构和相关州级银行监察机构提交报告时要求报告内部

控制的有效性。虽然这一规定并不适用于金融机构向股东提交的年度报告，但它确实为内部控制报告树立了一个先例。这个先例的意义在于强调了管理层对于内部控制的责任和透明度，还在一定程度上影响了上市公司管理层提供内部控制报告的态度。尽管这项规定只直接适用于金融机构，但许多反对内部控制报告的声音转而支持上市公司管理层提供内部控制报告。这可能是因为通过内部控制报告，企业能够展示其对内部风险管理的关注，增加了投资者和利益相关者对企业运营的信任。为了规范注册会计师执行内部控制审核业务，美国注册会计师协会（AICPA）发布了《SSAE No. 2：财务报告内部控制的审核》。通过这一标准，美国实现了从财务报表审计中评价内部控制的发展，正式将内部控制审核规定为注册会计师独立承担的鉴证业务。

（3）财务报告内部控制审计阶段（21世纪初至今）。

21世纪初，包括安然（Enron）、世通（WorldCom）等公司的严重财务舞弊事件发生，严重动摇了投资者对资本市场的信心。为了加强上市公司的责任和保护投资者的利益，美国国会于2002年7月发布了《萨班斯—奥克斯利法案》（Sarbanes - Oxley Act，SOX），《萨班斯—奥克斯利法案》是一项重要的立法行动，旨在改革美国的公司治理和财务报告制度。该法案的主要目标是增加上市公司的透明度和财务报告的准确性，以及提高监管机构和注册会计师的监督和责任。SOX法案的主要特点和改革举措包括：一是内部控制要求。这个法案确实对内部控制方面提出了重要要求，以提升上市公司的财务透明度和报告可靠性。根据《萨班斯—奥克斯利法案》的规定，上市公司需要建立和维护有效的内部控制制度，以确保其财务报表的准确性和可靠性。二是独立审计委员会。该委员会需要独立于公司管理层，并与注册会计师事务所进行沟通和协作。三是CEO和CFO的认证要求。法案要求公司的首席执行官（CEO）和首席财务官（CFO）对公司的财务报表的准确性和内部控制的有效性进行认证，并对任何虚假陈述或遗漏负有法律责任。四是注册会计师的独立性和责任要求。法案加强了注册会计师的独立性要求，限制注册会计师事务所与上市公司之间的非审计服务，同时法案增加了对注册会计师的监管和处罚措施，以提高审计质量和保护公众利益。《萨班斯—奥克斯利法案》的实施对美国的企业治理和财务报告产生了深远影响，推动了公司治理和内部控制的改善。

《萨班斯—奥克斯利法案》中的302条款和404条款确实规定了重要的要求，其中302条款，公司的首席执行官、首席财务官或类似职务者必须书面声明对财务报告的内部控制设计和执行的有效性负责，管理层应明确承担内部控制的责任，并对其有效性进行声明。另外，根据404条款，公司需要对财务报告的内部控制进行评价，并将这一评价报告与定期报告一同向外界披露。此外，该评价报告还需要经过负责公司定期报告审计的注册会计师进行审计。这些条款的实施标志着美国公司管理层的内部控制报告从以前的自愿性披露变为强制性披露。通过这些条款，法案进一步加强了对内部控制的关注和监管，促使公司管理层更加重视内部控制的设计、执行和报告，以提高财务报告的准确性和可靠性，这对投资者和市场的信心恢复起到了积极作用。

根据《萨班斯—奥克斯利法案》的要求，美国证券交易委员会（SEC）于2003年11月发布了《最终规则：管理层对财务报告内部控制的报告及其对定期披露的证明》（Final Rule：Management's Reports on Internal Control Over Financial Reporting and Certification of Disclosure in Exchange Act Periodic Reports）。该规定要求所有受到1934年证券交易法13（a）或15（d）条款约束的公司（不仅限于上市公司），都需要在年度报告中包括管理层对财务报告内部控制的评估报告。随后，公认注册会计师监管委员会（PCAOB）于2004年3月发布了审计准则第2号《与财务报表审计结合进行的财务报告内部控制审计》（Auditing Standard No. 2 – An Audit of Internal Control Over Financial Reporting Performed in Conjunction with An Audit of Financial Statements，AS2）。该准则对审计管理层的财务报告内部控制评估报告进行了详细规定，要求同一会计师事务所同时执行同一公司的财务报表审计业务和财务报告内部控制审计业务，并提出了将两者整合审计的理念。通过这些规定和准则，现代审计进入了一个全面将财务报表审计与财务报告内部控制审计同等重要的新时代。这意味着审计师不仅需要评估财务报表的准确性，还需要评估和审计公司的内部控制制度，以提供对投资者和监管机构的更全面和可靠的信息。这些措施和要求旨在增强财务报告的可靠性和透明度，并提高投资者对资本市场的信心。同时，它们也强调了审计师在评估和审计内部控制方面的重要角色和责任。

自审计准则第 2 号（Auditing Standard No. 2，AS2）实施以来，公共公司会计监督委员会（Public Company Accounting Oversight Board，PCAOB）一直密切关注审计师履行各项要求的进展情况。关注结果显示，AS2 的某些条款存在不明确或与美国证券交易委员会（Securities and Exchange Commission，SEC）的要求存在差异，也有一些条款过于具体，不利于审计师的专业判断，或不适用于小型企业的审计。因此，PCAOB 于 2007 年发布了审计准则第 5 号（Auditing Standard No. 5，AS5）《与财务报表审计整合的财务报告内部控制审计》（An Audit of Internal Control Over Financial Reporting that is Integrated with An Audit of Financial Statements）来取代 AS2，AS5 的主要目标是让审计师能够将审计资源集中在高风险领域，并尽量减少不必要的审计程序，同时力求在导致报表重大错误之前发现重大内部控制缺陷。相应地，AS5 的主要变化包括进一步优化自上而下的审计方法、增加对欺诈控制的评估、强调穿行测试的重要性等方面。

此外，PCAOB 还就以下问题做出了特别规定：首先，负责审计财务报表的事务所不得同时为同一公司提供与财务报告相关的内部控制咨询服务，以确保咨询服务不会对审计独立性造成损害。然而，他们可以为同一公司提供其他领域的内部控制咨询服务，以避免咨询服务对审计独立性的影响。其次，审计师在完成对内部控制的审计之后，有责任发表无保留或否定的意见，或者编写无法表示意见的审计报告，而不是发表保留意见。审计师仅在审计范围没有受到限制的前提下，才有权对内部控制的有效性发表审计意见。这意味着一旦发现存在重大的内部控制缺陷，审计师将会给出否定的意见；相对地，如果发布无保留意见，并且审计范围受到任何限制，审计师将会出具一份无法表示意见的审计报告。这表明，相对于财务报表审计，内部控制审计的要求更为严格，因为财务报表审计有权发表保留意见。最终，在制订内部控制审计标准的过程中，我们需要集中精力解决如何融合财务报表审计与内部控制审计，以实现这两种审计方式的共同目标，目前，美国内部控制审计的成功实施得益于 SEC、PCAOB 以及注册会计师行业的集体努力。

3.3.2 美国高校内部控制的实践与经验

20 世纪初至 70 年代，美国公立高校开始形成内部控制的概念。在这一阶段，公立高校更加注重分权制衡，主要目标是纠正错误和防止舞弊行为。实践证明，内部控制能够有效减少错误和舞弊事件的发生。从 20 世纪 70 年代中期到 90 年代，美国公立高校逐渐建立了内部控制制度，由于联邦政府财务压力增大，对公立高校的支持减少，资金投入也减少，因此吸引社会和学费收入成为重要的资金来源。从 20 世纪 90 年代至今，美国公立高校的内部控制逐步发展成熟。1992 年，COSO（Committee of Sponsoring Organizations）发布的报告标志着美国内部控制模式的形成，COSO 报告是内部控制理论和实践的权威文献，提出了内部控制的五要素框架，包括控制环境、风险评估、控制活动、信息与沟通以及监控。为了满足内外部监管的需求，美国公立高校逐渐采纳了 COSO 的 ERM（Enterprise Risk Management）框架，并开始建立以全面风险管理为导向的内部控制体系。

在美国，有超过 4000 所高等教育机构，其中约 1700 所为公立学校。这些学校的内部控制机制已经相对完善，特别是在董事会的领导下，校长负责制成为公立高校权力制衡的核心。通过董事会、校长和评议会之间的相互制衡，公立高校确保了行政和学术权力之间的平衡，从而有效地避免了绝对权力的滥用。这种相互制衡的权力结构、公开的财务报告、明确的权力划分和责任、严格的资金管理以及全方位的风险管理，都是美国高校内部控制的显著特征。

（1）权力相互制衡是美国高校的一大特色。通过董事会、校长和评议会的三权制衡，实现了权力的相互制约，从而将滥用权力的可能性降到最低。在高校内部的权力体系中，行政权力和学术权力被划分为不同的角色。董事会和校长代表行政权力，而评议会则代表学术权力。这种权力相互制衡的结构可以有效地防止权力被个人滥用，使其成为谋取私利的工具。它有利于确保学生获得更好的教育，同时也促进学校的良好发展。通过三权制衡，高校能够建立一种约束机制，确保权力的行使更加公正和透明，以实现教育质量和学校发展的双重目标。

（2）强制公开财务报告是美国的一项重要法律规定，适用于高校。根据相关法律规定，高校的财务报告必须向整个社会公开。这不仅要求财务信息对外公开，还要求对外公开的财务报表经过独立审计或由注册会计师审计，并将审计报告与财务报告一同对外披露，任何人都可以通过学校的公开网站查阅财务报告。这种做法有利于利益相关者了解高校的运营情况，监督高校的财务状况，并提高资金使用的透明度。通过从根本上预防和遏制高校内部腐败现象的发生，避免秘密操作，减少资金的浪费和损失。

（3）明确划分权力与责任是为了确保高校履行责任、提升教育质量而建立的内部问责制度。在美国的高校中，权力与责任被明确划分，即权力的行使必须伴随相应的责任承担。建立问责制度的目的是从积极预防的角度来实现权责的统一，以确保高校管理活动的基本目标得以实现。这种做法有利于各利益相关方对高校的责任履行进行监督，并促进高校提供高质量的教育。通过明确划分权力与责任，可以确保高校管理者对其权力行使负责，以推动高校的发展和实现其使命。

（4）严格的经费管理是美国高校普遍遵循的原则。不论是私立还是公立高校，无论规模大小，大部分高校采用分散的财务管理模式。学校将收取的学费、科研经费等分配给各个院系，让院系自行管理。为了更加合理地运用经费，美国高校对经费进行预算管理，高校必须在上一年计划好下一年的预算。而公立高校的预算还需要经过州政府的审批，预算管理的主要目的是确保资源配置与学校发展目标一致，确保资源分配不偏离学校的核心宗旨和目标。将经费用于学校的重点工作和任务，提前制定预算有助于提高资金使用效率，节约学校成本。这种严格的经费管理措施旨在确保高校资源的最佳利用，以支持学校的发展和提升教育质量。

（5）全面的风险管理是美国高校普遍采用的做法。20 世纪，美国大学面临了许多不利的环境变化，如政府拨款大幅减少和高等教育市场竞争的激烈化。这些不利因素迫使美国大学意识到自身运营存在许多风险，并开始重视高校的风险管理。通过风险管理，学校能够节约办学成本，提高资源利用效率。这种全面的风险管理帮助学校更好地应对各种风险，并确保学校能够持续发展和提供高质量的教育。

3.4 英国对内部控制的实践与经验

3.4.1 英国内部控制的发展

英国在公司治理领域的推动确实对内部控制的发展产生了重要影响，20 世纪 90 年代的研究报告在英国公司治理和内部控制的进化中扮演了关键角色。卡德伯利报告（Cadbury Report）于 1992 年发布，是英国公司治理领域的重要里程碑之一。该报告关注公司董事会的作用和职责，强调了透明度、问责制和董事会的有效监督。这为内部控制的重要性和角色提供了更多关注，促使公司更加关注建立有效的内部控制机制。哈姆佩尔报告（Hampel Report）于 1998 年发布，进一步强调了公司治理的准则和实践，包括内部控制的要求。这个报告强调了公司治理应该是一个灵活的体系，适应不同企业的特点，同时也强调了董事会的责任，这直接关系到内部控制的有效性。特恩布尔报告（Turnbull Report）于 1999 年作为公司治理委员会综合准则发布，强调了风险管理和内部控制的重要性。该报告建议企业应该建立风险管理和内部控制的评估机制，以确保风险能够被有效地管理和控制。这些研究报告在英国公司治理和内部控制的历史中起到了推动作用，强调了透明度、问责制、风险管理和董事会的角色，为建立和维护有效的内部控制机制提供了指导。它们的影响也不仅限于英国，而是对全球范围内的公司治理和内部控制实践产生了影响。通过这些报告的发布和指导，英国在公司治理和内部控制方面取得了显著进展，这些里程碑性的报告对于提升公司治理水平和加强内部控制的有效性起到了重要的推动作用。

（1）卡德伯利报告。

卡德伯利报告，即《公司治理的财务方面》（The Financial Aspects of Corporate Governance），于 1992 年发布，是英国公司治理历史上的重要里程碑之一。该报告全面研究了公司治理的财务方面，并提出了一系列对公司治理、内部控制和财务报告质量的重要观点和建议。卡德伯利报告在英国公司治理领域确实开创了许多先河，将内部控制作为公司治理的核心组成部分，以及明确要求建立审计委员会和实行独立董事制度。该报告的重要性在于将内部控制与公司治理的财务方面紧密结合起来，它指出财务风险可能由舞弊或无能引起，而内部控制系统可以在预防舞弊和无能方面发挥作用。将内部控制视为管理风险和确保财务报告质量的手段，为公司治理提供了更加全面和综合的视角。卡德伯利报告还提出了一系列具体建议，如建立审计委员会、实行独立董事制度，以及要求董事就内部控制的有效性发表声明。这些建议在英国公司治理的实践中得到了广泛应用，并为公司治理体系的建设和完善提供了重要的指导。该报告的原则和观点也在全球范围内产生了影响，成为许多国家改善公司治理和强化内部控制的参考。它确立的理念仍然影响着现代公司治理的发展，并强调内部控制在保障公司财务稳健和投资者信任方面的重要性。

（2）哈姆佩尔报告。

1998 年的哈姆佩尔报告（Hampel Report）充分支持卡德伯利报告将内部控制视为有效管理的重要组成部分，并鼓励董事会审查所有内部控制以确保财产的安全。报告的第 52 条建议修改卡德伯利准则中关于“有效性”的表述，改为“董事会应对内部控制系统进行报告”，并要求这些报告以保密方式提供给董事会成员，以便他们更直观地了解公司的经营状况，推动公司的良好发展。报告的第 53 条建议董事应保持并审查与相关控制目标有关的所有控制，而不仅仅局限于财务控制。报告的第 54 条建议对于未设立独立内部审计机构的公司，应考虑设立独立内部审计机构的必要性和可行性。哈姆佩尔报告丰富了公司治理的内容，但在创新方面相对有限。此外，委员会成员主要由既得利益者组成，责任方面还不够明确。

(3) 特恩布尔报告。

继哈姆佩尔报告发布后，企业界普遍认识到内部控制对于管理和可持续发展的重要性。随着时间的推移，各家公司开始积极采纳报告中的建议，并逐步强化其治理框架，在第 52 条的引导下，董事会逐渐将内部控制系统的报告作为例会的重要议题之一，确保公司的财产和资源得到妥善保护。报告的第 53 条推动了更广泛的内部控制目标，超越了仅关注财务控制。企业开始审查与环境、社会责任、道德规范等方面相关的控制目标，以确保公司在各个领域的经营都保持高度的透明度和合规性。对于未设立独立内部审计机构的公司，报告的第 54 条促使企业认识到设立独立内部审计机构的必要性。随着越来越多的公司选择设立这样的机构，企业内部审计的效率和专业水平得到显著提升，为董事会提供更全面、客观的内部控制评估。然而，随着改革的进行，一些挑战和限制也逐渐浮现。报告虽然丰富了公司治理的内容，但在推动创新方面仍然相对有限。企业需要更积极地探索新技术、新方法，以更好地适应不断变化的商业环境。此外，报告所建议的委员会成员主要由既得利益者组成，这在一定程度上限制了其独立性。未来的改进可以考虑增加来自不同背景和领域的专业人士，以确保委员会的意见更具多元化和客观性。哈姆佩尔报告为公司治理带来了实质性的改进，但随着时代的发展，仍需要持续不断地更新和完善，以应对新的挑战和机遇。

从卡德伯利报告（1992 年）到特恩布尔报告（1999 年），英国在内部控制的研究方面取得了系统和完善的进展。在这一过程中，我们可以观察到对内部控制有效性的要求逐渐减弱（见表 3－2）。同时，企业内部控制和风险管理的结合变得越来越密切，卡德伯利报告强调的是财务方面的内部控制，而对内控中的风险问题只是简单提及。哈姆佩尔报告则认为财务和其他方面的内部控制很难区分，并鼓励董事会审查公司的有效运作和合规情况，从而扩展了内部控制的范畴。

特恩布尔报告的观点对于内部控制和风险管理的演变产生了深远影响。该报告凸显了内部控制不仅是财务控制的工具，更是一种全面管理风险的方法。通过将内部控制与风险管理紧密联系，企业能够更好地应对不断变化的商业环境和外部风险。特恩布尔报告的观点强调了内部控制的目标是控制风险，而不仅仅是简单地减少风险。这一转变意味着企业需要更加积极地参与战略规划和决策，以在控制风险的同时，为公司创造更大的价值。这种思维方式的变革促使企业不再将内部控制视为一项独立的任务，而是将其融入整个经营战略中。这一转变也标志着风险导向的内部控制时代的到来，企业需要全面评估内部和外部环境中的风险，并将风险管理嵌入内部控制体系中。这种方法有助于企业更敏捷地应对变化，并在竞争激烈的市场中保持竞争优势。总的来说，特恩布尔报告的观点在内部控制和风险管理领域引发了深刻的变革，将企业的管理范畴从简单的财务控制扩展到全面的风险导向的内部控制，为企业在不断变化的商业环境中取得成功提供了更有力的工具和方法。

表 3-2　英国内部控制的发展

	卡德伯利报告	哈姆佩尔报告	特恩布尔报告
范围	内部财务控制	内部控制，包括财务、经营和遵循性等所有控制	内部控制和风险管理
报告	对有效性进行报告	对报告进行复核	对报告进行复核
内部审计	作为良好实务推荐	未做出严格规定，但要经常考虑是否需要建立内部审计部门	是否建立内部审计部门需要具体分析

随着风险导向的内部控制时代的到来，内部审计的工作重心已转向风险管理，风险导向的内部审计已成为现代内部审计的主要发展趋势。为了适应这一趋势，内部审计人员需要熟悉公司的战略、目标和计划，了解企业经营管理的各个职能，以向不同层级和职能部门的管理者提供

所需的服务，这对内控审计师提出了更高的要求。目前，我国公司内部审计人员主要来自财务会计岗位，他们在经营管理等业务方面的能力有限，而且知识结构也不够合理，因此，必须重视对内部审计人员的培训。借鉴国外的经验，可以将内审机构作为公司的培训基地，让审计人员更全面地了解与风险相关的知识，同时与公司内的其他部门保持良好的关系。此外，内部审计人员还可以通过轮岗实习于公司的各个职能部门，以增进对公司业务过程的了解。这些举措对于提高内部审计人员的综合能力和对业务的全面理解都具有积极意义。

3.4.2 英国高校内部控制的实践与经验

作为全球高等教育发展水平最高的国家之一，英国非常重视高校内部控制体系的构建。20 世纪 90 年代，由于英国企业遭遇严重的信用危机和公司经营失败等事件，英国政府开始更加关注对公司内部控制的研究，这些经历成为英国高校内部控制建设的起源。英国大学的内部控制体系在经历了几个世纪的发展后，已经取得了一系列的成绩。

（1）内部治理结构完善。

我国高校的内部治理模式与美国高校有一定相似之处，但也存在着较强的行政权和学术权之间的相互制约，从而避免了权力的绝对集中化。英国分权治理结构是指将院系视为管理中心，赋予院系管理者在一定范围内的决策权，有助于提高高校的管理灵活性和响应速度。分权模式使得院系管理者能够更迅速地做出决策，不必等待中央层面的批准，这在快速变化的教育环境中尤为重要，能够更及时地适应新的教学、研究和管理需求。由于不同院系可能有不同的需求和特点，分权模式使得各个院系能够根据自身情况制定预算和决策，更好地满足本专业领域的需求。院系管理者在分权模式下承担更多的责任，他们需要为自己的决策负责，这有助于提高管理者的责任感和积极性，同时也能更好地评估决策的成果。分权模式鼓励各个院系在教学、研究和管理方面探索创新方法，从而促进了高校整体的创新和多样性。然而，分权治理结构也可能存在一些挑战，如确保决策的协调性、保障资源分配的公平性以及监督各个院系管理者的决策是否符合整体战略等。因此，在实施分权模式时，高校需要建立一套有效的监管机制，以确保分权不会导致管理的混乱或不协调。总的来说，根据自身情况制定合理的治理结构，有助于高校更好地适应变化，提高管理效率和创新能力。分权模式可以在一定程度上满足不同院系的需求，但需要平衡好权责关系和整体协调。同时，行政部门与学术部门之间的制约关系确保了行政权力不会过度干预学术自由，也保证了学术权益的合理维护。

（2）绩效考评体系严格。

英国大学的绩效考核制度是一种有效的方式来评估资金使用的合理性，并保持学校财务的稳健运作。这种制度有助于确保预算的合理编制和有效管理，从而避免资源的浪费和损失。通过每年年初的深入讨论和调研，学校管理层能够全面了解预算情况，审查各项开支，并确保预算编制符合学校的发展战略和需求。这种精细化的管理可以有效减少不必要的浪费，同时提升了资金使用的透明度，绩效考核制度也为学校提供了科学、合理的方法来评估预算执行情况。通过对预算执行的分析和评估，学校可以更好地了解哪些领域存在效率问题，哪些方面需要调整和改进，这为未来的预算编制和资金分配提供了有力的参考依据，使学校能够更加精准地配置资源，推动整体发展。除了财务稳健运作外，这种绩效考核制度还可以促进高校的整体发展，通过更有效的资金利用和资源分配，学校可以提高教学、研究和服务质量，增强在教育领域的竞争力，吸引更多学生和研究人员的加入，进一步提升学校的声誉和地位。综上所述，严谨的绩效考核制度对于评估资金使用的合理性、保持财务稳健、提高资源利用效率以及促进高校整体发展都具有重要作用。这种制度能够使学校更加精细地管理财务，更好地实现战略目标，确保学校在竞争激烈的教育领域中持续取得成功。

（3）审计监督体系完备。

英国高校设立了专业的内审机构，内审机构具有相对独立性，只向董事会报告内审结果，不接受外部的干涉。同时，还通过引入外审制度来弥补内审制度的缺陷，确保内审制度的完善。这种综合高校自律和外部监督的审计体制，促使利益相关者积极参与高校的管理，从而确保高校经费的使用得到合理有效的保障。

（4）风险管理措施健全。

英国高校高度重视风险管理，他们采取了健全的风险管理措施，为此，专门设立了风险管理部门，负责对大学内潜在风险进行预测、分析和评估，进而提出相应的对策和建议，以降低或消除这些风险。此外，高校还鼓励管理层、职工和学生共同参与风险管理，以提高全员的风险意识。通过全员参与，能更好地发现和解决问题，从而推动高校的良性运营。这种健全的风险管理体系确保了高校的稳健发展，使其能够更好地应对不确定性和挑战，确保学校的长期成功。

（5）信息沟通系统流畅。

英国高校内部的流畅信息沟通系统确实是一个重要的因素，促进了内部控制制度的建设和高校的整体管理水平的提高，这种积极的信息共享和沟通文化在高校的发展中起到了关键作用。建立会计信息公开制度，并定期向社会公布会计信息，展示了高校的透明度和负责任的态度，这样的公开制度不仅增加了高校的信任度，也让学生、教师和公众能够随时了解财务情况，有助于建立良好的沟通和合作氛围。现代信息技术的运用，使得高校内部的各个部门能够更轻松地进行信息交流和共享，这不仅有助于提高工作效率，还促进了不同部门之间的合作与协调。顺畅的信息沟通渠道也有助于快速解决问题，防止“信息孤岛”的出现，从而保证各项工作的顺利运转。高校内部信息共享的文化也能够促进整体管理水平的提高，各部门的协作和沟通有助于更好地应对挑战，共同制定和实施有效的战略和政策，推动高校的可持续发展。总的来说，积极的信息共享和沟通文化在高校内部的运作中扮演着重要角色。这种文化不仅有助于建立透明度和信任，也提高了高校的管理效率和合作水平，从而为高校的成功发展创造了良好的环境。

3.5　法国对内部控制的实践与经验

3.5.1　法国内部控制的发展

法国首次对内控制度提出了明确的要求，即在 2003 年颁布的《金融安全法》中，该法律规定了公司董事会必须公开公司治理与内控制度，并将内控制度与内控制度纳入了审计范围。但由于其原则性较强，且缺少详细的操作指导，在实际操作中存在一定的难度。为了符合《金融安全法》的要求，并为上市公司提供有效的风险防范措施，法国金融监管局在 2007 年颁布了适应美国 COSO 风险防范机制的自身内部控制框架，这样形成了相互支撑、相互配套的完整体系，即《金融安全法》与《内部控制框架》的结合，这套切实可行的制度旨在确保上市公司的风险防范能够有效运作，同时也与国际标准相适应，使法国的金融体系更加稳健和可靠。

法国的内控制度在构建过程和执行过程中都有其自身的特点，虽然法国与美国均采取了上位法的保证机制，但美国先制定内部控制制度后实施上位保证机制，在法国，对于内部控制的要求在上位法中就已经明确规定，而专门的内部控制规范则是在上位法的基础上逐步形成的。这意味着内部控制规范的出现是为了贯彻相关法律的执行而制订的，而不是单独存在的，因此，内部控制规范在一开始就具有了上位法提供的保证机制，以确保法国的组织和企业能够有效地履行内部控制的责任，保护利益相关者的权益，以及维护金融系统的稳定和健康发展。法国内部控制框架相对于其他内部控制框架具有以下两个显著特点。

（1）提出了内部控制系统构成的思想。

内部控制系统构成的理念提供了确保公司高效运作和风险管理的框架，公司的内控系统由五个关键组成部分构成：①权责分明的组织架构系统是确保公司内部结构清晰、职责明确的基础，透过适当的组织结构，明确各个组织单位的责任和权力，以及人力资源管理政策，以确保员工拥有适当的知识和技能，有助于优化公司运营和管理；②内部信息发布系统，这个系统有助于及时传递所有相关信息，使他们能够履行相应的职责，从而确保公司的决策能够基于准确的信息；③风险确认与分析系统有助于识别与公司目标相关的风险，并进行详尽的风险分析；④恰当地控制运营过程及减少相关风险的活动是确保公司经营流程的关键，在各个经营领域中，控制活动都扮演着重要角色，尤其是在设计和运营信息系统时需要特别关注；⑤持续监督检查系统有助于确保内部控制程序的有效实施，这种持续的监督检查能够保证内部控制体系的可靠性和适应性，帮助公司在竞争激烈的商业环境中稳健发展，降低潜在风险，并实现长期可持续的成功。

（2）提出了狭义的财务会计报告内部控制的目标。

财务会计报告内部控制的目的是保证：①财务准则合规性，确保财务会计信息符合适用的会计准则和法规，以保证信息的准确性和一致性；②高级管理指导，确保高级管理层或管理委员会正确地引导财务会计信息的生成，从而保持报告的质量和可信度；③资产保护，通过有效的内部控制，保护公司的资产免受损失、盗窃或滥用，维护企业的价值和稳健性；④信息可靠性，确保公司内部监控所使用的信息和报告信息的可靠性，以支持有效的决策和内部控制活动；⑤市场信息可靠性，确保向市场提供的财务报表和其他信息的可靠性，维护公司在投资者和利益相关者中的声誉和信任。综合来看，这些目标强调了内部控制在保障财务会计报告的准确性、合规性以及信息可信度方面的重要性，通过确保这些目标的实现，公司能够更好地管理风险、做出明智的决策，并维护其商业声誉。

3.5.2 法国高校内部控制的实践与经验

法国高校内部控制制度在较晚的时期才得以引入，直到 2007 年的《大学自治法》的颁布，内部控制概念才开始逐步应用于高校。2009

年，随着法国政府推动高校合并，进一步推动了内部控制制度的建设。法国大学的内部控制制度是一项集体工作，包含管理控制和会计控制两个层面。从理论上来说，内部控制是指高校财务方面的控制，各学校会建立了一个内部控制指导委员会，专门负责战略的制定、仲裁、协调和跟进所有的工作。它的级别在学校的整个组织结构中都是比较高的，他们的协作与协调有助于有效实施内部控制措施，推动治理水平的提升。通过定期的沟通和共同努力，内部控制指导委员会能够更好地应对潜在风险，确保高校运营的透明度和可持续性。这种委员会的存在和协作，有助于高校更好地管理风险、提高运营效率，并在内部控制方面取得持续的进步。

学校的内部控制通常是通过项目进行实施的，整个实施过程可以划分为准备阶段、设计阶段、实施阶段和审查阶段。在准备阶段，为内部控制的实施制订计划，明确目标和范围；在设计阶段，制订具体的控制措施和流程，确保适当的风险管理和合规性；在实施阶段，将设计好的控制措施付诸实践，确保流程的有效运行；在审查阶段，对内部控制的效果进行评估和审查，以便不断优化和改进。在每个阶段，内部控制措施都会逐步完善和优化，以确保学校的运营高效性和合规性。这种循环性的过程有助于保持组织的稳健运作，适应环境变化，并提高风险管理和决策的质量，通过持续地改进内部控制，学校能够更好地应对挑战，实现可持续的成功。

在内部控制的实施过程中，各个阶段的策划和执行都非常关键。在法国高校内部控制的实践中，有以下几个主要阶段：在规划阶段，主要是争取校长和秘书长的支持，以确保内部控制工作得到高层的认可和支持，同时组建内控工作小组，确定项目的负责人，这个阶段的目标是确保内部控制的重要性得到足够的关注和支持；在设计阶段，包括编制系统的运行指南，进行风险分析，制订步骤说明以及制订控制方案和执行方案，为了协助高校进行个性化的设计，法国高等教育部门编制了一套参考标准（ACIDUES）；在实施阶段，每位参与者根据各自的职责按照操作手册的要求展开工作，并对其进行规范记录，这有助于确保内部控制的工作流程得以顺利执行，从而保障高校的有效运作；审查阶段的目标是确保内部控制系统的有效性和符合性，这一完整的流程保证了内部控制的有效实施，从而提升高校的管理水平和工作效率。通过规范的步骤和流程，高校能够更好地管理风险、保障资源的合理利用，法国高校内部控制建设的特点如下。

（1）充分激发员工的积极性。

法国高校将内部控制建设看作是一个需要全员参与的使命，通过设立内部控制指导委员会，鼓励职工更加积极地参与高校的经营活动，并为高校的发展提供建议。这种参与鼓励了员工的主动性和责任感，使他们能够更好地参与到制度建设中。此外，法国高校还通过加强对各个相关部门的监管力度，促使员工更积极地参与制度建设。这种积极的参与有助于确保内部控制的有效性和执行，从而提升高校的整体运营质量。法国高校在内部控制建设方面的经验提醒我们，积极参与和责任分配是内部控制成功的关键因素，通过将内部控制视为一项共同的任务，能够实现更高效的治理和管理。

（2）以项目方式开展内部控制建设。

法国高校采用项目方式进行内部控制建设的做法确实是一个值得借鉴的有效策略，将内部控制建设视为工程项目，借鉴项目管理的各个阶段（准备设计、实施、评估考核等），有助于确保内部控制的有序进行和实现成功的结果。在准备设计阶段，法国高校会明确内部控制建设的目标有助于为后续的实施阶段提供清晰的指导，确保内部控制的制度框架得以明确定义；在执行阶段，项目负责人和参与者会根据操作手册的要求执行操作规程，从而确保内部控制措施的有效实施，这种有序的执行过程有助于保障内部控制的实际运行；在评价考核阶段，外部评估能够为内部控制提供客观的反馈，确保其质量和有效性，通过这种项目化的方法，法国高校保证了内部控制的逐步完善和优化，提升了高校的管理水平和工作效率，这一经验对于其他组织在内部控制建设方面也具有借鉴价值。

（3）各高校结合自身特点重点管控。

在内部控制建设中，每所高校都应该根据自身的特点和情况来制定重点管控方向，由于每个高校的环境、规模、运作方式等都有所不同，因此内部控制的重点也会因此而异。在制订内部控制策略时，高校需要紧密结合自身实际情况。针对这些领域，制订相应的规则和流程，严格控制每一项程序，灵活地结合自身特点，将内部控制的注意力集中在最关键、最风险的领域，有助于高校更有效地管理风险、提高透明度，并确保高校运作的稳健性。

（4）完善审计监督体系。

完善审计监督体系对于高校内部控制的有效性和透明性至关重要。法国政府的规定确保了高校内部控制建设受到外部审计的严格监督，以确保高校和外审的透明性。通过国家指派外审执行单位，可以保证审计的客观性和独立性。此外，对高校内部审计的具体要求，如设立审计机构或聘用专业审计人员、做好年度审核计划和报告，以及保障审计人员的独立性和公正性，都有助于确保内部审计的质量和有效性。这样的规定和要求确保了高校内部控制体系在实际运作中得到监督和评估，有助于持续地改进和优化内部控制措施，提升高校的管理水平和工作效率。同时，建立坚实的审计监督体系也为高校内部控制的健全和持续运作提供了有力的保障。

（5）加强信息化建设。

信息化不仅可以提供技术支持，也可以加强内部控制的透明度和安全性。法国政府在大学信息化建设方面给予了大学较大的自主权，这有助于每所高校根据自身实际情况选择合适的内控软件和信息系统，从而更好地支持内部控制的建设。通过在局域网内公开内部控制信息，高校可以保障内部控制的透明性，同时确保敏感信息不被未授权人员访问。这种方法有助于增强高校的信息安全性和管理水平，从而更有效地管理风险、提高内部控制的效果。信息化建设可以使内部控制更加智能化、高效化，同时确保数据的安全性和完整性，通过合理的信息化建设，高校能够更好地应对内部控制的挑战，提升整体管理水平。

3.6 日本对内部控制的实践与经验

3.6.1 日本内部控制的发展

作为亚洲经济发达国家，日本的内部控制制度相对完善，而且作为我国的邻国，我们在文化上有很多相似性。因此，日本在内部控制实施效果和推动过程中所面临的困难，对我国内部控制制度的建立和健全具有一定的借鉴意义，这样的经验和教训能够为我国内部控制体系的发展和提升提供有益的参考。

（1）战后日本会计、审计制度的变革。

日本的《商法》最早起源于19世纪后期的明治维新时期，至今已有上百年的历史。然而，尽管日本本土的《商法》经过多次修订，但一直未能完全跟上日本经济发展的步伐，这种状况一直延续到第二次世界大战爆发。随后，日本在第二次世界大战之后，不论是政治体制还是经济制度，都模仿了美国，并逐步制定了《公司法》《证券法》等相关法律，建立并完善了经济法、商法体系，同时确立了现代会计制度与审计制度。第二次世界大战后，日本在经济体制建设上确实效仿了美国的经验。20世纪40年代末期，日本颁布了《证券交易法》（Securities Exchange Act），该法律要求上市公司在年度末定期提供经专业审计的财务报告，同时规定准备上市的公司在申请上市期间也需要遵守这一规定。这种法律要求和规定的实施有助于加强公司财务报告的透明度和可靠性，以及促进市场的信心。通过要求经专业审计的财务报告，可以确保公司财务信息的准确性，并为投资者和其他利益相关者提供更可靠的信息基础，这在促进金融市场稳定和企业发展方面发挥了重要作用。

此后，《商法》及其特例法规定：资本额超过50000万日元的大企业也需要按期接受外部注册会计师的审计。日本在建立和完善会计和审计制度方面采取了一系列措施，以适应不断变化的经济环境，这些法律的制定和修订有助于提升公司会计和审计的质量与效率，以及适应日本经济发展的需求。从《证券交易法》开始，日本逐步建立了一系列法律法规，如《企业会计准则》和《财务报告规则》，以确保上市公司提供准确、透明的财务信息。此外，颁布《注册会计师法》为注册会计师的权利和义务提供了明确规定，促进了审计的独立性和专业性。然而，随着时代的发展，原有的法律和法规不再能够满足新的经济环境和业务要求，为此，日本分别在 2005 年和 2006 年颁布了《公司法》和《金融商品交易法》，来规范公司的会计和审计制度，这些新法律的制定使得公司会计和审计的规范更加符合新的商业模式和需求。这种法律制定和修订的努力，有助于确保企业财务信息的准确性、透明度和稳定性，同时也促进了经济的健康发展和市场的稳定性，它们为日本经济的未来提供了坚实的法律基础。

（2）后“安然”时代日本内部控制审计的出现及其特征。

尽管美国“安然事件”与“世通事件”爆发后，日本政府相关部门也对本国采用的会计制度与审计制度进行了研究和反思，但并未引起业界的高度重视。随后的几年里，日本相继发生了一系列上市公司财务舞弊事件，其中以 2004 年 10 月爆发的“西武铁路事件”为代表。该事件揭示了日本西武铁路公司的财务报告舞弊行为，严重影响了投资者对财务报告可靠性的信心，对日本经济造成了巨大冲击。日本颁布《财务报告内部控制评价与审计准则》和《财务报告内部控制评价与审计实施准则》等相关法规，为审计和内部控制提供了明确的指导，规定审计证据可以在企业内部控制审计与财务报表审计中通用，有助于实现审计成本的节约，并充分利用内部审计的结果和证据，提高审计的效能和准确性。这些措施体现了日本政府对于保护投资者利益和促进经济透明度的重视，也为市场的稳定发展提供了坚实基础。通过建立更严格的内部控制和审计标准，日本为投资者提供了更可靠的信息，同时也为企业的健康发展和市场的良性循环创造了有利条件。

《财务报告内部控制评价与审计准则》包含内部控制的基本框架、财务报告内部控制的评价与报告以及财务报告内部控制的审计三个部分。这些措施旨在加强对内部控制的评估与监督，从而提高财务报告的可信度，并促进投资者信心的恢复。这样的举措对于改进日本的内部控制体系、防范财务舞弊、提升经济稳定性具有重要的参考价值。这三部分的主要要点如下。

①基本框架。内部控制在日本的基本框架确实是基于美国 COSO 委员会的内部控制理论，并根据日本的实际情况进行了相应的调整和补充。在内部控制的定义中，强调了企业经营者负有设立内部控制制度并保证其有效运行的责任。这是为了确保内部控制能够在企业内部得到充分的关注和实施。内部控制的四个基本目标，即经营的效率性、财务报告的可靠性、经营活动的守法性和资产的保全，涵盖了内部控制的重要领域。特别是在日本，将资产的保全作为一个特别关注的目标，考虑到日本资产取得、使用和处置的复杂性，是非常恰当的。内部控制的六项要素构成了一个全面的内部控制体系，这些要素确保了内部控制在不同方面的充分覆盖，从而更好地应对风险、确保信息传递和监控等方面的有效运行。这种基于国际标准的框架有助于提高内部控制的质量、透明度和有效性，为企业和市场的健康发展创造了良好的条件。

②财务报告内部控制的评价和报告。SOX 规定企业需要建立和实施内部控制，定期评估与财务报告相关的内部控制系统，并向外部报告评估结果。评估过程中，可以采取重点关注和从整体到具体的原则。对于集团企业，重要影响的合并报表控制会首先受到重点评价，然后再评估业务流程相关的内部控制。这些评估措施有助于确保内部控制有效，提升企业管理和监督水平。定期评估内部控制能及早发现问题，强化风险管理，确保财务报告准确可靠，增强投资者和利益相关者信心，同时提升企业竞争力和可持续发展能力。

③财务信息内部控制的审计。在审计时，注册会计师仅审计与财务报表信息相关的部分，而不会对整个内部控制系统进行审计。审计的目的是审核经营者确定的内部控制体系，未经经营者确认的部分不在审计范围内。这些措施有助于确保审计准确可靠，明确审计范围，有效执行审计工作。这样的审计过程可以确保财务报告的可靠性和透明度，增强

利益相关者的信心。

④成本负担的考虑。一个有效的内部控制体系可以预防严重的错误和欺诈行为，而内审人员的工作在财务报表审计中具有积极作用。然而，随着审计程序的增加和审计证据范围的扩大，审计费用也会增加。因此，在制订审计标准时，需要平衡，以避免对审计师、企业管理者和相关人员施加过大的压力。日本对美国内部控制体系的运用情况进行考察和分析，并提出了一些对策。首先，从经营者评价角度出发，采用“自上而下”的方式对项目的风险进行评价。在评估内部控制有效性时，应根据其重要程度对存在的缺陷进行归类，将缺陷划分为重大缺陷和一般缺陷两类，避免了过度复杂的划分。其次，外部审计角度的改进措施是明确使用直接汇报方式，以内部控制报告书为出发点，在内部控制审计时寻找审计证据并实施审计程序，以降低直接报告所需的审计费用。同一审计人对企业的财务报告和内部控制制度进行审计，获得的审计证据可以在财务报告审计和内部控制审计中共同使用，从而合并编制内部控制审计报告和财务报表审计报告，以减少审计报告程序和节约成本。这样的措施确实可以提高审计效率和降低成本，同时还可以在审计过程中更好地协调内部控制审计和财务报表审计，使审计证据更一致和综合，这种整合方法可以为企业和审计师提供更大的便利，同时确保审计的准确性和可靠性。此外，注册会计师需要与企业监事会或审计委员会及内部审计人员合作，保持合理的沟通，以提高审计工作的效率和准确性。这些措施有助于保障内部控制的有效性，并提高审计工作的质量和效率，有助于优化审计方法，提高审计效率，减轻各方的负担。同时确保审计的准确性和可靠性，这种做法也反映了对业务环境和审计实践的持续关注，以促进更有效的内部控制和审计流程。

日本在内部控制的概念框架、内控评价和内控审计等方面确实以准则的形式提出了明确的规定，这些准则强调了内部控制的建立和有效运作是管理人员的责任，要求管理人员定期评估并报告财务报告内部控制系统的运作情况，特别关注对财务报告有重要影响的内部控制。评估过程中，重点关注高风险领域，按照先整体后细节的顺序进行评估。同时，要求评价结果必须有支持的证据，并记录在内控报告中，管理层对财务报表内部控制系统评价的公允性需要经由注册会计师的审计进行披露。根据日本法规，内部控制审计并不直接评价内部控制的设计和运作，而是审计管理层的内部控制评价报告的公允性和合理性，这种做法确保了内部控制评价的公正性和可靠性。通过审计程序对内控评价报告进行验证，提升了整个内部控制体系的可信度。由于国家情况的差异，日本的内部控制审计在某种程度上是借鉴美国的，两者都侧重于与财务报表有关的内部控制，其差别在于：在日本，内部控制审计采用的是间接方式，主要关注于审查管理人员提交的内部控制自我评估报告的适当性，这意味着审计人员并不直接对内部控制措施进行验证，而是依赖于企业内部管理人员的报告来判断内部控制的有效性和合规性。这种方式相对较为简化，但也可能导致潜在的风险未被完全揭示。相比之下，在美国，内部控制审计采用直接方式，由注册会计师对内部控制的有效性进行实质性的验证和审查，这种直接审计方式更加严格和全面，有助于确保内部控制体系的可靠性，从而提高企业管理水平和财务报告的可信度。尽管这两种审计方式在具体执行上存在差异，但它们的共同目标都是确保企业的内部控制有效性和合规性，以提升企业的管理水平和财务报告的可靠性。无论采用哪种方式，审计都是为了保障公司的健康运营，为投资者和利益相关者提供可信赖的信息。

对于一些亚洲新兴国家，传统的内控审计方式已无法适应经济发展的需要，必须加强对内控制度的研究，因此，日本内控审计过程中广泛应用信息技术，以提升审计效率和便捷性。利用信息技术工具和系统，能够加强内部控制的监督和管理，改进财务报告的准确性。日本有关部门提出，在实施内控审计时，信息技术作用是十分重要的，要提高上市公司财务报告的可靠性，就必须让信息技术在审计中充分发挥作用。为此，日本政府在对企业内部控制体系进行评估时，把新技术运用情况作为一个重要的评估指标之一。

3.6.2　日本高校内部控制的实践与经验

日本国立大学根据《大学内部控制基准》制定了一套完整的内部控制制度，以确保内部控制合理、有效和健全。这套内控制度在分门别类和内外监管有机结合方面具有明显特点，从而明确了内部控制责任并确保其合理有效，特别是在预算管理、建设项目管理和科研经费管理等方面取得了显著的成效。这种方法有助于提升大学的治理和管理水平，确保资源的合理分配和使用，同时也能够更好地满足学校的发展需求。这种内部控制制度的建立可以为大学的可持续发展提供坚实的支持。

（1）内部控制的分级管理。

2004 年，日本国立大学进行了法人化改革，引入了全新的管理和运营机制，对内部管理组织进行了重构，新的管理组织包括理事会、经营协议会以及教育研究评议会等机构。在这一背景下，内部控制体系也得到了重新规划，日本国立大学将内部控制体系划分为三个层面：决策层、执行层和监督层。决策层即大学经营者，包括校长和各学部（学院）的领导者，校长对内部控制体系负有最终责任；执行层则是高校教师，他们在各自的业务活动中扮演一定程度的内部控制角色；监督层则是高校监督员，作为独立的第三方，监督高校内部控制的执行。这种三层体系有效地保障了经济活动的决策、执行和监督。这些改革措施有助于确保内部控制的合理性和有效性，进一步提高了日本国立大学的管理水平和运营效率，这种系统性的改革可以为大学的发展和运营提供更好的指导和支持。

（2）建立预算内控措施。

①建立预算编制程序。在日本国立大学，预算编制程序始于校长首先提出预算提案，然后各预算单位提交预算需求，随后，财务部门会对预算进行调整并确定分配方案，预算将在大学经营协议会和役员会（类似国内部分高校的党政联席会）中进行审议，最终由校长批准并发布。这种预算编制方式明确突出了校长在预算决策中的最终权威。然

而，随着学校法人制度的变革，新设立的审核组织，如管理协议会和职工会等，在预算方面并不能实施实质性的干预。这些审核组织只能对提交的预算进行形式上的审核和批准，而无法对预算的实际决策权产生实质性的影响，这种变革引发了一些反思和讨论。一方面，强调校长在预算决策中的最终权威可能增加了决策的效率；另一方面，一些人对预算决策的民主性和透明性提出了担忧，这种情况可能促使进一步讨论如何平衡校长的权威与审核组织的作用，以确保预算决策的公正性和合理性。综合考虑各方的意见，可能会有助于优化预算编制体系，以适应不断变化的管理和运营环境。

②明确预算责任。财政预算的制定由校长负责，而各学部（院）则被视为一级预算单位，在这些学部（院）内，部（院）长负责管理和执行本单位的预算。

③制定预算配置的原则。在制定预算配置时，国立大学法人会设立分配准则，进行权衡，并最终形成整体预算方案。这一过程确保了预算配置的合理性和透明度，在向各预算部门划拨预算时，大多数高校会明确规定预算划拨的目的，但也有一小部分高校在这方面缺乏明确性。这些预算配置原则有助于确保资源的合理分配，提高预算使用的效率和透明度。

④预算调整程序。在国立大学中，各学部（院）在预算额度内具有一定的预算调整权限。若发生预算超支情况，学部（院）长会向校长报告，并商讨是否在整体预算内进行调整。此外，对于预算内剩余的经费，大多数学校允许将学部（院）结余的资金留用于下一年的支出，这样的预算调整流程有助于灵活应对预算变化，确保资源的合理利用和财务的稳健管理。这种预算调整程序充分考虑了预算管理的灵活性和合理性，学部（院）在适当的范围内能够自主进行预算调整，以满足实际需求，同时也保持了整体预算的控制。当预算超支情况出现时，及时的报告和协商机制可以帮助防止财务风险的扩大。同时，对预算内剩余资金的留用，有助于保证资源得以持续利用，为学部（院）的未来支出提供了一定的灵活性和支持。这种预算调整程序不仅确保了学校的财

务稳健，还能够让各学部（院）更好地规划和管理预算，从而更有效地支持学校的各项发展和运营活动。

⑤加强财政预算的实施和监管。国立大学建立了预算管理信息系统，用于实时监视经费使用和预算执行情况。这种系统能够提供即时的数据和报告，帮助管理层随时了解预算使用情况，及时发现问题并采取措施。各学部（院）都指定专门的人员负责资金的运用和预算执行情况，这些负责人能够更加专注地监督经费使用，确保按照预算规划进行支出。除了财务部门的内部审计外，国立大学还设立了监察机构，这些机构可以独立地审查预算执行情况，发现问题并提出建议。文部省聘请外聘的会计检查人员（即国内的注册会计师），对大学的经费使用和财务报表进行审计，这些外部专业人员的审计可以为大学提供独立的评估和验证，这些监管措施的共同目标是确保财政预算的合规实施和财务管理的透明度。通过实时的信息系统、专门负责人员、内部审计、外部审计等手段，国立大学能够更好地监控预算执行情况，及时纠正问题，确保资源合理配置，提高预算执行的效率，并增强对预算执行情况的监督与评估。这种系统性的监管措施有助于维护财务稳健，提升学校的运营水平和管理效能。

（3）综合性和灵活性并存的资产管理措施。

日本国立大学对资产的购买、出租、出借和处置实行统一的管理制度，以确保资产的合理和合法使用。同时，采取多种方式，确保资产的增值和高效利用。这样的管理制度有助于优化资产的运用，提高资源利用效率，确保资产的长期价值和持续发展。

①统一采购资产。教师和工作人员进行物资采购申请，由学部进行统一的采购安排。若采购金额超出预算限额，就需要进行额外的审批程序。这样的管理制度有助于确保资产采购的合理性和透明性，同时避免了资源浪费和预算超支的情况。

②资产租赁和出借方式多样。通过与其他大学或科研单位之间进行场地和设施设备的租借，国立大学可以实现以下几方面的优势：共享场地和设施设备可以避免重复建设和维护，从而更有效地利用资源。这有

助于降低成本，减少浪费，提高资源的效率；租借关系可以促进不同大学或科研单位之间的合作和交流，共享资源可以为研究、教学和创新提供更多机会，从而促进知识和经验的共享；如果租借是免费的，国立大学就可以在不增加额外支出的情况下，获得其他单位的设施和设备支持，这有助于节约成本，同时增强了学校的资源可用性；通过资源共享和租借，可以延长设施设备的使用寿命，减少资源浪费，从而促进可持续发展的目标。然而，在实施中仍需要注意协调、沟通和监管。确保资源共享的合理性、公平性和透明性是关键，各学部（院）的自主决定也需要在整体资源规划中进行协调，以避免过度竞争或冲突。总体来说，这种资源共享和租借的方式为大学之间创造了互惠互利的合作机会，推动了更加高效的资源管理和利用。

③着眼于可持续发展的资产处置程序。在日本国立大学进行资产转让或处置重要财产时，需要获得文部科学大臣的批准，以确保资产处置程序的可持续性和透明性。这种措施旨在确保资产的合理管理，推动可持续发展，以及保障资产的长期利用和运营。在日本，有许多大学通过转让土地和其他国有财产获得的收益，其中 50% 的收益将上交到大学金融管理中心，这些收益被用于维持大学在整个国家范围内设施的运行。这种做法不仅有助于提供资金支持，还可以确保国立大学在全国范围内的设施和运营得到适当的维护。这样的措施也反映了大学资产管理的责任和可持续性考虑。通过需要高级教育、科学与技术部（相当于教育部）的批准，国立大学可以确保资产转让和处置的决策是经过慎重考虑的，同时也遵循了适当的法规和程序，这有助于保护大学的长期利益，推动合理、透明和可持续的资产管理，从而为学校的发展提供了稳固的基础。

④灵活的手段保证资源的高效利用。根据文部科学省的规定，在新建成的学校中，必须将建筑面积的 20% 用作公众活动区。此外，可以突破限制，提高校内教室和教学器材的使用效率。这样的举措有助于促进学校与公众的互动，提升资源的合理利用和学校内部的协作效率。

⑤合理投资使资产增值。根据日本法律规定，国立大学可以将其拥

有的流动资金用于购买政府保证的公债，包括国债、地方债、外国国债，以及满足相关资质的金融机构提供的信托业务。然而，这些资金不能用于高风险投资，尽管国立大学拥有这些资产，由于其非营利性质，资产价值可能并未得到有效提升。国立大学通常注重其教育、研究和社会责任使命，因此其资产的运用往往更加注重稳健和长期性，这可能导致资产的增值幅度较为有限，因为高风险投资往往伴随着更大的波动性和潜在风险。相反，国立大学更可能选择保守的投资方式，以确保资金的安全和稳定增值，以满足其教育和研究使命。尽管资产价值可能没有像某些商业实体那样迅速增长，但国立大学的资产管理方法通常更加注重长期的社会影响和学术价值。这种做法有助于确保学校的稳定运营和可持续发展，同时也与其非营利性质和社会使命相符。

⑥公布资产状况，接受社会各界监督。每年度，学校都会向社会公布财务报告和资产状况，以接受公众的监督。这种透明的做法有助于增加对大学财务管理的信任，促进学校与社会之间的良好沟通与合作。通过公开信息，国立大学展示了对财务责任的承诺，使公众能够更好地了解和信任学校的运营和资产管理。

（4）严谨、严格、严密的建设项目内部控制。

内部控制在日本国立大学的发展中扮演着至关重要的角色。在立项、招标、建设标准以及预算编制等各个环节，国立大学以遵循相关法律作为基础，实施由学校领导、上级部门监管和外部监督相结合的方式，以确保建设工程的合理性和合法性。这样的内部控制机制有助于保障学校项目的高质量和高效率推进，同时提升透明度和规范性，为学校的发展和建设提供坚实的保障。这样的措施有助于提高管理水平，优化资源利用，确保国立大学在其发展过程中持续稳健前行。

①严谨的建设项目立项。项目的资金主要来自国家财政拨款，在立项阶段，进行了严格的论证和决策，确保项目的必要性和可行性，各个建筑工程方案由企划室进行细致考量和确定，制定并进行报告，然后进行审批。这样的流程保障了国立大学建设项目的合理性和决策的科学性，确保资金的有效利用和项目的顺利实施。这种严谨的立项流程为国

立大学的发展奠定了坚实的基础，使其在各项建设项目中能够高效、有序地推进，为教育事业的持续发展做出了重要贡献。

②严格的招投标管理。根据项目造价不同，会选择不同的招投标模式，但无论哪种模式，都会采用电子招投标方式，以确保招标过程的公开透明，杜绝任何可能的秘密操作。为了保证评标过程的客观公正，投标评审将由各专业委员会共同参与，避免由个人单独做出决策，从而保证了整个招投标过程的公正性和公平性。

③严谨的预算编制与建设规范。根据法律规定，国立大学在进行建设项目时，制定了相应的标准，并要求招投标的单位提交详尽的设计方案和工程实施方案。随后，国立大学会在文部省核定的预算范围内，根据设计方案和单位价格，进一步详细规划项目的预算。这种程序确保了建设项目的透明性和合规性，通过要求招投标单位提交详细的设计和实施方案，国立大学可以更好地了解项目的具体要求和技术细节，从而更好地评估预算的合理性。国立大学根据预算范围和方案要求，对项目的预算进行进一步细化和规划，以确保项目的资金使用合理、透明且高效。这种程序还有助于防止浪费和不必要的支出，提高建设项目的质量和效益。通过严格的招投标流程和预算核定，国立大学能够更好地管理资源，保证项目在合理预算范围内完成，并确保项目的质量和目标得以实现。

④多方位的建设项目监管。根据日本法律规定，建筑施工必须配备专业监察员进行监督，以确保施工过程的质量和合规性。此外，建筑所在地区的行政部门会派遣专门人员进行中期检查，以确保建筑工程的质量符合相关标准和法规。这些措施旨在确保建筑工程的安全性、质量和合规性，专业监察员的参与可以监督施工过程中的技术细节，确保按照规定的标准进行，而行政部门的中期检查则提供了一个独立的审查机制，确保建筑工程在不同阶段都符合法律和规定的要求。这种监督和检查体制有助于防止建筑质量问题和潜在风险，保障建筑物的安全性和可持续性。通过专业监察员和行政部门的合作，日本可以更好地确保建筑工程的质量，并维护公众的利益和安全。

（5）责权明晰和自律相结合的科研经费管理模式。

在日本，国立大学采用了责权明晰和自律相结合的科研经费管理模式，将科研经费管理视为内部控制的重要组成部分。这种模式强调明确划分权责，强化自律意识，并执行相关的管理办法，从而确保科研资金得到合理有效的运用。科研经费在日本国立大学内部主要分为竞争资金和非竞争资金两种类型，其中竞争资金占据主导地位，通过明确划分权责，确保科研项目的审批、管理、执行等环节都在一定的规范和流程下进行。此外，强化自律意识也是非常重要的一环，科研人员需要遵守相关的规定和原则，保证资金的合理使用，并防止浪费和不当操作。这种责权明晰和自律相结合的管理模式有助于保障科研资金的透明性、合规性和高效性。通过规范的管理流程，国立大学能够更好地监督和管理科研经费的使用，确保资源得到最优化的配置，促进科研成果的产出，并提高整体的研究水平和影响力。

①建立明确的科研经费管理责任体系。在日本国立大学，科研经费管理采用了明确的分工和责任划分，以确保科研经费的有效使用和管理。校长作为最高负责人，负责总体科研经费的管理。同时，理事或副校长则负责具体的科研经费的使用管理，确保在预算范围内合理支出。另外，各学部（院）长也扮演着重要的角色，负责管理各自部（院）的科研经费。为了更好地管理科研经费，学部（院）内还设立了守法教育推进负责人。这有助于明确科研经费相关人员的职责和权限，以及维护科研活动的合规性。

②守法纪律教育。国立大学通过对所有职工进行科研经费使用的守法纪律教育，旨在防止科研经费的不当或非法使用。这种教育有助于提高科研人员的自律意识，传达遵守法律法规和内部规定的重要性，以确保科研经费的合法合规使用。这不仅有助于维护科研经费使用的透明度和诚信性，还可以防范贪污、挪用资金等不当行为。国立大学还分析了科研经费不当使用的主要原因，并制订预防方案，以减少不当行为的发生，对于发现的科研经费不当使用问题，大学积极解决，并不断改进科研经费管理体系，以确保科研经费的有效利用和实现最终目标。这样的

做法有助于保障科研经费的公正合理分配，促进科学研究的发展，同时提升国立大学的声誉和影响力。通过守法纪律教育和不断的管理改进，国立大学能够建立一个稳固的科研经费管理体系，确保科研经费的合法性、透明性和有效性，从而推动学术研究的健康发展。

③科研经费管理办法。通过制定明确的原则和程序，并公开公示，国立大学确保了科研经费的合理使用和有效管理的透明度。设立咨询窗口为研究人员提供政策解释和疑惑解答，有助于避免经费不当使用的情况发生。科研经费的流程也非常清晰，从主管机构拨付至校方专用账户，再由各学部（院）相关部门负责签署合同、核对材料，并进行后续的货款拨付等手续。这种管理办法的目标在于确保科研经费的合理使用和高效管理，以保障资源的最优化利用，推动科研事业的发展。通过明晰的管理流程、透明的公示和有效的咨询机制，国立大学建立了规范的管理环境，提升了科研人员对经费管理的自律性。这有助于保护科研经费的合法合规性，维护科研的公平竞争环境，促进科学研究的持续发展。这样的管理措施不仅确保了经费的透明和有效利用，也为国立大学的声誉和影响力增添了积极因素。

④建立有效监督和惩罚机制。建立第三方有效监督的管理系统可以帮助预防和解决可能出现的不当使用问题，要求相关企业签订承诺并协助调查，可以加强对科研资金的监管和透明度。此外，制定接受、调查和处罚的程序，并设立内部和外部的接受点，可以确保对不当使用科研经费的情况进行及时地反馈和处理，严肃处理涉及不当使用科研经费的相关科研人员，将有助于维护科研活动的诚信性和公平竞争环境。这些措施共同构建了一个强大的管理框架，可以有效地保障科研经费的合法合规使用，防止不当行为的发生，并维护科研活动的诚信性。通过建立透明的监管机制和严格的惩处措施，国立大学可以维护科研经费管理的公正性和透明度，同时促进科学研究的健康发展。这种严厉的惩罚措施将起到震慑作用，提高科研人员对经费管理的敬畏意识，从而有效防范经费不当使用的问题。通过建立有效监督和惩罚机制，营造公正、透明的管理环境，可以保护科研经费的安全性和合规性。同时，积极构建第

三方监察体系，加强对科研经费的审查和监督，有助于防范潜在的违规行为，保障科研经费的正当使用，推动科学研究的健康发展。

⑤信息公开。通过在校内网站上公布内部科研责任体系、科研经费使用行为规范、使用办法和处罚措施等相关规定，这样的公开措施旨在确保全体师生员工都能了解并遵守相关规定，促进科研经费的合理使用与有效管理。通过公布这些规定，国立大学营造了透明、公正的管理环境，保障科研经费的合法合规性，维护科研活动的诚信与公信力。这些措施还有助于提高科研人员的自律意识，避免不当使用经费的问题，并对违规行为采取相应的处罚措施，确保科研经费的有效利用和科学研究的良性发展。

（6）内部和外部相结合的内部控制监管体系。

在日本国立大学的日常监管体系中，东京大学的做法是一个很好的例子。东京大学设有监察室，专门负责对学校的业务和财务会计方面进行内部监督。这种内部监督机构可以帮助确保学校的各项事务和财务活动的合规性和透明度。外部监事由外部独立机构或专业人员担任，负责监督学校的管理活动和决策过程，以确保学校的合规运作。根据《国立大学法人法》的规定，各国立大学法人必须设立两名监察，其中监事负责监督和检查国立大学法人的业务情况。而会计检查人则是专门负责对学校的财务状况和经费使用情况进行审核和审计，以保证财务的准确性和合法性。此外，国立大学还会由文部科学省指派校外稽核人员，进一步加强校内监察工作。

通过设立外部监事和会计检查人，以及校外稽核人员的参与，国立大学确保了对自身运作的独立监督，防范内部违规行为，保障财务信息的准确性和透明度。这种制度保障有助于确保国立大学法人的合法合规运营，增强公众对学校治理的信心，维护国立大学的声誉与公信力。通过设立专门部门进行监管，并由外部监事和会计检查人的参与，国立大学可以增强对学校内部运作的监督和透明度，防止潜在的违规行为，维护科研经费的安全和合规性，保障学校的财务稳健和科研事业的可持续发展。

3.7 本章小结

本章对内部控制的实践发展过程进行梳理和阐述。内部控制的四个主要发展阶段包括：内部牵制阶段、内部控制制度阶段、内部控制结构阶段、内部控制整合框架阶段。针对内部控制审计，本章详细探讨了审计在内部控制发展历程中的演变，特别是内部控制审计作为一种新型的审计业务，其审计理念与方法的发展对内部控制审计实践活动产生直接影响。此外，还介绍了美国、英国、法国和日本等四个发达国家在内部控制方面的发展历程和经验做法。这些国家在内部控制方面的经验是非常宝贵的，为我国开展内部控制审计提供了有益的参考。我们可以借鉴这些国家在建立和完善内部控制制度方面的成功经验，为我国的内部控制审计工作提供指导和支持。

第4章　内部控制审计在我国的发展历程、现状及存在问题

本章首先阐述高校内部控制审计在我国的历史演进和发展过程，其次对高校内部控制的现状进行分析，探讨存在的问题，如内部控制不足、审计覆盖范围不广等，以及导致这些问题产生的原因，如管理体制、监督机制等方面的因素。通过对我国高校内部控制的历史发展、现状分析和问题探讨，可以为进一步改进和加强高校内部控制提供有价值的参考和指导。

4.1　我国高校内部控制的发展历程及规范体系

4.1.1　我国高校内部控制的发展历程

我国内部控制理论的起源可以追溯到20世纪80年代，然而，在90年代之后，我国政府逐步推行企业内部控制，以将其视为治本的手段。此外，该措施还旨在制止虚假企业会计信息流入证券资本市场，从根本上提高企业管理的效率和透明度，维护国家经济秩序和市场稳定。尽管我国内部控制理念已经初步建立，但与欧美高校相比，我国大学内部控制的发展相对较晚，直至2012年底，我国颁布了《行政事业单位内部控制规范（试行）》。这为高校内部控制提供了明确的指导准则，标志着我国高校内部控制制度的建设进入了快速发展的阶段。我国大学内部控制经历了大致三个阶段，这些阶段的发展在我国高校内部控制理论和实践方面都有着重要影响，为建设透明、高效、合规的高校内部控制体

系奠定了基础。

（1）我国高校内部控制的雏形——内部牵制阶段。

1978～1996年，中国高等教育机构所经历的“内部牵制”时期以及政府在此期间颁布的与财务管理和内部控制相关的一系列法律和法规。这些法律包括《中华人民共和国会计法》《会计人员工作规则》《会计人员职权条例》等，它们明确规定了高校会计人员的责任，并要求对出纳人员进行岗位责任的明确分离，其中核心原则是“内部牵制”，要求不允许一个人同时担任相互冲突的职位，而是需要至少由两人或更多人共同负责以确保财务工作的真实性和准确性。这一“内部牵制”制度成为高等教育机构内部控制的基础，并代表了内部控制框架的最初形态。即使在今天，它仍然是大学内部控制体系的核心，通过协作努力确保财务实践的诚信和可靠性。

（2）我国高校内部控制的初步形成——制度完善阶段。

从2000年开始，国家将高校的内部控制重点放在了改进财务管理体制上。例如，2000年，财政部和教育部共同颁布了《关于高等学校建立经济责任制加强财务管理的几点意见》；2004年，财政部和教育部分别颁布了《关于进一步加强直属高校资金安全管理的若干意见》和《教育系统内部审计工作规定》等文件。这些文件都涉及了高校内部控制的主要内容，要求高校建立经济责任制和内部审计制度等。这些变化表明，在过去的十余年中，大学内部控制体系逐渐演化为更为完善的、以内部会计为中心的管理体系，并重点关注改进财务管理体制、建立经济责任制以及内部审计制度。这些措施对于保障大学管理的有效性和透明度起到了积极的促进作用。

（3）我国高校内部控制的高速发展——体系构建。

自2012年11月财政部发布《行政事业单位内部控制规范（试行）》（即《内控规范》）以来，我国高等院校的内部控制体系建设和运作进入了高速发展阶段。为了贯彻落实《内控规范》的执行，教育部于2016年6月制定了《教育部直属高校经济活动内部控制指南（试行）》，有利于推动内部控制体系的建设与运行，并进一步增强高校的透明度、合规性和可持续发展能力。

4.1.2　我国高校内部控制的规范体系

事业单位的内部控制的发展历程通常包括内部牵制、内控制度、内控结构、COSO 内控架构以及风险管理等不同阶段。尽管国内在内部控制方面的思想早在较早时期就有所萌芽，但近年来才有了更大的发展。1996 年 12 月，财政部发布了《独立审计具体准则第 9 号》，该准则对内部控制的目的、设计、运作以及审计风险进行了详细的阐述；随后，财政部等五部委联合颁布的《企业内部控制基本规范》成为我国目前最具权威性的企业内部控制制度，共有 7 章 50 条。这个规范在借鉴 COSO“五要素”的基础上，对企业内部控制的制度建设、自我评价和有效性监督提出了专门的要求。对于事业单位如高中来说，这些内部控制的指导和规范同样适用。这些措施的引入和实施，有助于提高内部管理的效率、透明度，降低经营风险，防范不当行为，确保事业单位的财务稳健和合规经营。虽然内部控制在国内发展较晚，但随着相关法规和规范的逐步完善，事业单位内部控制的建设也在逐步得到加强和推进，以适应现代化管理的需求。

2010 年 4 月，财政部和审计署联合发布了《企业内部控制审计指引》，标志着我国企业内部控制审计工作开始得到规范。这一指引为企业的内部控制审计提供了明确的指导，有助于保障企业运营的合规性和透明度。同时，2012 年财政部颁布的《行政事业单位内部控制规范（试行）》在 2014 年 1 月 1 日正式实行，这一规范的实施为建立健全行政事业单位的内部控制提供了基础，促进了整体管理水平的提升，强调权力制衡和监督机制，确保了对公共资金的有效管理，从而更好地维护了公共利益，有助于提升管理水平、防范风险、保障合规经营，为经济发展和公共利益的平衡提供了支持。

新规范的发布标志着内部控制标准化工作逐步从企业延伸到行政事业单位，进一步推动了内部控制的标准化在我国的全面推广。这种扩展不仅有助于提高行政事业单位的管理水平和运营效率，还为各行业提供了一种统一的标准框架，以确保其运作在合规和透明的范围内。《教育部直属高校经济活动内部控制指南（试行）》由教育部颁布，规定中央直属高校应于2016年底前全面建立并实施内部控制，以促进高校内部控制体系建设，本章对主要的一些内部控制法规或政策进行了梳理，如表4－1所示。

表4－1　　　　我国主要内部控制法规

年份	法规或政策	发布部门	说明
1996	《独立审计具体准则第9号——内部控制》	财政部	要求注册会计师审查企业的内部控制
1997	《加强金融机构内部控制的指导原则》	中国人民银行	我国第一个关于内部控制的行政规定
1999	《关于上市公司做好各项资产减值准备等有关事项的通知》	中国证监会	责成相关部门拟定或修订内部控制制度
2008	《企业内部控制基本规范》	五部委①	我国第一部全国性内部控制规范
2010	《企业内部控制配套指引》	五部委	中国企业内部控制规范体系基本建成
2012	《财政事业单位内部控制规范（试行）》	财政部	为行政事业单位内部控制体系建设提供了基本遵循
2015	《关于全面推进行政事业单位内部控制建设的指导意见》	财政部	指导行政事业单位全面推进内部控制建设
2016	《教育部直属高校经济活动内部控制指南（试行）》	教育部	首次对高校内部控制的建立和实施提出明确说明
2017	《行政事业单位内部控制报告管理制度（试行）》	财政部	规范行政事业单位内部控制报告的编制、报送、使用及报告信息质量等工作

注：①五部委指财政部、证监会、审计署、银监会以及保监会。

4.2　我国高校内部控制审计的发展历程及规范体系

4.2.1　我国高校内部控制审计的发展历程

高校内部控制审计能够为高校提供有价值的信息，帮助其改进和完善内部控制体系，从而提高组织的运营效率和效果。审计部门通过监督高校的内部控制，确保其遵循相关规定和标准，以保障财务和管理的合规性。同时，审计部门也为高校提供服务，为其提供改进建议和指导，帮助高校更好地应对风险和挑战。最后，审计部门还通过评价内部控制的有效性，对高校的管理和运营进行综合性的评估，从而促进其持续改进和提升。

自 1983 年我国开始推行内部审计制度，并于 1985 年推行至高校，高校内部审计经历了 20 多年的发展历程。近年来，随着国家对内部控制的重视以及一系列法规、准则的颁布实施，特别是我国在 2009 年 9 月 1 日开始实施的《内部审计实务指南第 4 号——高校内部审计》，该指南在第二章专门从教学、科研、财务、物资采购等方面对高校内部控制审计做出了具体要求，确立了我国高校的内部控制审计制度，成为我国第一个针对行业性的内部审计指南。在此背景下，我国学者主要集中对“高校内部控制现状及对策、控制框架、评价指标体系、实施程序、内部控制审计具体实务”等方面进行研究。进一步，中国内部审计协会于 2013 年 8 月对之前发布的内部审计准则进行了全面、系统的修订，并于 2014 年 1 月 1 日开始实施《中国内部审计准则》，内部审计部门能够更加具体地了解如何进行内部控制审计，从而更好地评估内部控制体系的健全性和有效性。准则中的规范性要求和操作细则可以帮助审计人员在审计过程中更加严谨和系统地开展工作，确保审计的准确性和有效性。这一规范体系的建设不仅有助于保障高校和其他组织的内部控制的合规性和有效性，还提供了更加透明和可靠的内部控制审计标准，从而为组织的运营和管理提供了更大的信心和保障。

教育部的指南和规定将内部控制视为内部审计的重要组成部分，审计署的规定进一步扩大了内部审计的范围，将其涵盖了内部控制和风险管理等方面，使得内部审计能够更全面地评估和监督高校的运作情况。同时，教育部的修订和强调，以及内部审计的职责重新界定，都有助于确保高校内部控制的建设和运行更加合规和有效，审计监督确保了高校内部控制的质量，提高了管理的透明度和规范性，从而为高校的可持续发展打下了稳固的基础。这些措施和规定的共同推动，不仅在法规层面加强了对高校内部控制的要求，也促进了高校内部控制体系的不断健全和创新，为高校管理提供了更大的保障和支持。

4.2.2 我国高校内部控制审计的规范体系

国家推进高校内部控制建设的规范性文件的出台，如财政部印发的《行政事业单位内部控制规范（试行）》和《关于全面推进行政事业单位内部控制建设的指导意见》、教育部印发的《教育部直属高校经济活动内部控制指南（试行）》，为高校加强内控建设指明了方向，部分高校积极推进内控建设，按照文件要求和上级部署成立内部控制建设工作领导小组、制定完善内部控制制度、建立内部控制体系。高校可以建立一个有力的内部控制监督和评价体系，确保内部控制的有效实施，减少潜在风险，提高内部管理的质量和透明度，同时，也能够满足相关部门的监管要求，提升高校的整体治理水平。

2018 年，审计署发布了《审计署关于内部审计工作的规定》，对内部审计的定义进行了调整，增加了内部审计机构对本单位及所属单位内部控制实施独立、客观的监督、评价和建议的职责，以促进单位完善治理、实现目标，内部审计职责明确要求对本单位及其所属单位的内部控制与风险管理情况进行审计，同时要求被审计单位按时提交发展规划、内控和风险管理相关资料。这些规定不仅为高校内部控制的规范化与持续改进提供了明确而坚定的指引，也有助于高校更加有效地实现内部控制目标，确保其运营的合规性与有效性。表 4－2 列出部分有关高校内部控制审计的法规或政策。

表 4－2　我国高校内部控制审计相关法规或政策

年份	法规或政策	发布部门	说明
2009	《内部审计实务指南第 4 号——高校内部控制审计》	中国内部审计协会	我国第一部行业性内部审计指南
2013	《中国内部审计准则》	中国内部审计协会	为内部控制审计提供基本规范

续表

年份	法规或政策	发布部门	说明
2016	《教育部直属高校经济活动内部控制指南（试行）》	教育部	首次对高校内部控制的建立和实施提出明确说明
2018	《审计署关于内部审计工作的规定》	审计署	将内部审计的内涵拓展到内部控制与风险管理
2020	《教育系统内部审计工作规定》	教育部	增加内部控制审计职责，规范和保障教育系统内审工作的开展

注：作者整理。

4.2.3　我国高校内部控制审计的一般模式

按照叶习红（2008）的研究和总结，我国目前高校内部控制审计的一般模式分为两种，即全面审计模式和动态审计模式，如图4－1所示。

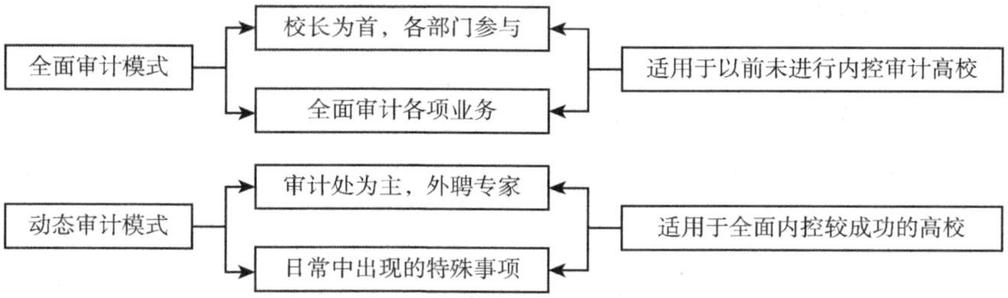

图4－1　高校内部控制审计的一般模式

（1）全面审计模式。

全面审计模式是对全校所有业务部门进行全面审计的一种方式，通常做法是成立由行政一把手（校长）为首、各部门负责人为成员的内部控制审计领导小组，随后，对全校范围内所有会计和管理控制范围内的活动进行审计，按业务性质划分为行政、教学、学工、科研、后勤服务等多个类型，分别成立审计小组逐个进行审计。这种模式强调审计的权威性、广泛性和协调性，特别适用于尚未建立完整内部控制制度或以前没有对内部控制进行过审计的高校。该模式的优点在于全面监督和评价高校的内部控制，能够全面掌握内部控制的风险，并在整体上进行控制和改进。然而，该模式也有一些缺点：首先，审计规模大、任务繁重，高校内审部门的审计力量有限，难以深入和高质量地完成审计工作；其次，由于全面开展审计，难以集中精力掌握关键风险并进行重点改进；最后，由于没有跟踪审计，难以准确评估审计建议的实施情况或审计效果。因此，在实施全面审计模式时，需要充分考虑这些缺点，并采取相应的改进措施，以提高审计效果和推动高校内部控制的不断完善。

（2）动态审计模式。

动态审计模式是对高校业务活动进行定期动态跟踪审计的一种方式，该审计模式主要由高校内部审计处为主导，再外聘一些专家组成若干审计组，对高校的内部控制的重点部门进行定期动态跟踪审计。将高校内部控制审计纳入审计处的日常工作，专注于针对高校重点部门或单位的内部控制制度执行情况及出现的特殊事项进行经常性咨询和审计服务，并提出改进建议。该模式适用于已经从事过全面内部控制审计且较为成功的学校。

该审计模式的优点在于：通过动态跟踪，可以有效观察审计建议的落实情况和内控机制的改进进展。同时，便于对重点部门或单位进行有针对性的审计，从而减少一次审计的工作量。然而，该模式的缺点在于：首先，容易导致领导对内部控制审计的重视降低，因为重复多次审计可能让高校领导对风险管理意识逐渐淡化；其次，动态跟踪审计容易引起被审计单位的不满，每次审计盯着几个重点部门可能让部门负责人感觉缺乏信任，甚至有些领导担心内部控制审计会限制管理创新发展，削弱管理人员的主观能动性。因此，在实施动态审计模式时，需要综合考虑这些问题，并采取措施以提高审计的效果和得到被审计单位的理解和支持。

显而易见，不论是全面审计模式还是动态审计模式，都存在一定的不足之处。这也是高校内部控制审计所面临的难点，因此，只有通过创新审计模式，构建以风险导向为基础的高校内部控制审计方式，才能逐步解决这些问题。

风险导向的内部控制审计是一种审计模式，其关注点是高校内部控制的风险，并通过有效的审计方法来评估和处理这些风险。与全面审计不同，风险导向的内部控制审计将那些没有或风险极小的管理部门排除在审计范围之外，以减轻审计工作量。与动态审计也不同，该模式不是仅仅针对几个重点部门进行审计，而是根据高校内部控制风险的可能性和风险大小进行不定期的审计。这种审计模式包括以下步骤：风险点的选择是确定高校内部控制中可能存在的风险点，这些点可能涉及财务、管理、信息技术等方面；风险大小评估是对所选择的风险点进行评估，确定其对高校运营和目标实现的影响程度；风险机理查证指的是审计人员对每个风险点的发生机理进行调查和验证，了解导致风险产生的原因和过程；风险控制建议是指在查明风险点后，审计人员提出相应的控制建议，旨在减轻风险的影响并提高内部控制效率，如图 4 – 2 所示。

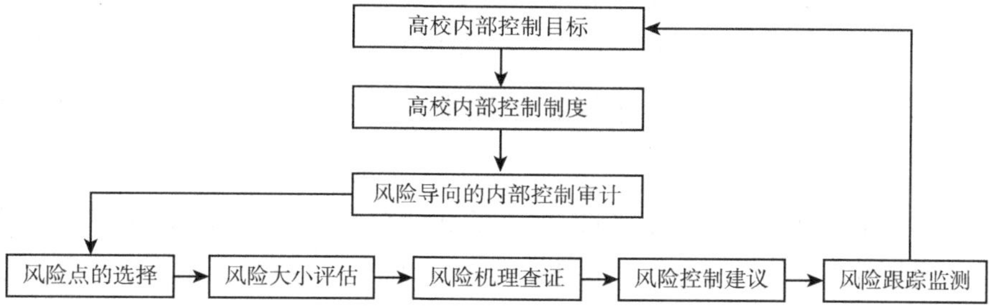

图 4 – 2　风险导向的高校内部控制审计模式

综上所述，风险导向的内部控制审计是一种注重关键风险点的审计模式，有助于高校识别和应对可能对其目标达成产生重大影响的风险，提高内部控制的效能。

4.3　我国高校内部控制审计的现状及问题分析

目前，绝大多数高校已经制定了符合自身实际情况的内部控制制度，覆盖了岗位职责和工作流程，确保内部控制建设的有效落实。在

2018年审计署更新的《内部审计工作规定》中，内部审计部门的职责正式扩展至对自身及所属单位的内控和风险管理的审计，部分高校已经针对内部控制进行了专项审计，而其他一些高校则将财务收支审计、领导干部经济责任审计和专项审计相结合。这一系列措施进一步提升了高校内部控制建设的水平，确保学校运作更加规范和高效。然而高校内部控制审计在当前仍然存在一些不足，需要在以下四个方面加以改进和加强。

（1）内部控制审计意识。高校内部控制审计的意识还有待提高，一些成员可能没有充分认识到内部控制审计在高校管理中的重要性和价值。应加强对内部控制审计意义的宣传和教育，让所有参与方充分认识到内部控制审计对高校稳健运作的重要性。这有助于增强各方参与内部控制的积极性和主动性。

（2）内部控制审计制度。高校内部控制审计制度需要进一步完善和健全，建立统一、全面的审计制度，明确内部控制审计的目标、范围、流程和责任分工，确保审计工作的规范性和一致性。制度的健全有助于高校内部控制审计工作的有序推进，确保审计的全面覆盖和深入实施。

（3）内部审计机构独立性。内部审计机构应当独立于管理层，不受任何干扰和影响，以保证审计结果的客观性和准确性。应加强内部审计机构的专业化建设，提升审计师的素质和能力，增强内部审计机构的独立性和公正性。

（4）内部控制审计力量和信息化程度。高校需要加强内部控制审计力量建设，并提升信息化程度。拥有足够数量和高水平的审计师团队，有助于高校内部控制审计工作的深入开展和高效推进。同时，应加强内部控制管理的信息化建设，采用先进的技术手段提高审计工作的效率和准确性，便于实时监测和控制高校的内部运作。

综上所述，高校内部控制审计仍需要在意识、制度、独立性和资源等方面加以改进和加强。只有通过不断的改进和完善，高校内部控制审计才能更好地发挥作用。因此，应关注最新理论和实践成果，吸取先进经验，不断推进内部控制审计工作，为高校的稳健发展和可持续发展提供有力的支持。

4.3.1　我国高校内部控制审计的现状及存在的问题

（1）高校内部控制审计意识。

尽管《第 2201 号内部审计具体准则——内部控制审计》和《行政事业单位内部控制规范（试行）》已经发布和实施多年，但许多高校的管理层和中层管理干部对内部控制管理系统的建设和管理意识仍然相对薄弱。他们对内部控制在日常工作中的风险防范缺乏足够的重视，甚至有时忽略了风险防范措施，导致内部控制在防范风险方面的效果不明显。这种状况表明，尽管相关法规和准则已经颁布，但在高校的实际管理中，内部控制意识和执行仍存在一定程度的不足。因此，管理层和中层管理干部需要增强对内部控制的认识，重视内部控制体系的建设和运作，以更有效地防范和管理风险，确保高校的运作和资产安全。加强内部控制的理念贯彻和有效执行，将有助于高校更好地应对风险挑战，提升整体管理水平，确保学校的稳健发展。

高校领导班子的重视程度对内部控制建设产生直接影响，是控制环境因素。领导班子在制订高校的发展规划和工作计划等重要文件时发挥着决定性作用，其内控意识对高校内部控制的建立和执行效果至关重要。因此，高校领导班子需要加强对内部控制的认识和重视，将其视为全校范围的重要任务。这有利于确保高校的内部控制体系更有效地应对风险，从而保障高校的长期稳健发展。

（2）高校内部控制审计制度。

目前，许多高校的内部审计机构未能及时制定《内部控制审计实施办法》，导致高校内部控制审计缺乏制度支撑和规范化的审计操作流程。虽然教育部在 2016 年发布了《教育部直属高校经济活动内部控制指南（试行）》，但非直属高校大多没有参照该文件制定自身的内部控制指南或评价标准。这种情况可能导致内部控制审计出现一些问题和挑战。为确保高校内部控制的有效性和合规性，建议高校审计机构尽快制定适合自身情况的《内部控制审计实施办法》，并积极参考教育部的指南或其他相关规范，以确保内部控制审计具有更明确的指导和操作流程。这将有助于提升内部控制审计的质量和效果，从而更好地支持高校的发展和稳健运营。此外，高校内部控制制度的制定缺乏基层参与，导致管理层权力与责任配置失衡。高校内部控制系统的权责划分不够明晰，尤其在高度集权、行政色彩浓厚的组织文化下，导致内部控制制度的执行和检查变得形式化。其对内控执行效果的考核与激励约束制度也缺乏衔接。

尽管有的高校设立了奖惩制度，但制度弹性过大，存在“一人一策”现象，致使部分人员认为内控执行与否无关紧要。高校内部控制的约束力度有限，相关岗位之间或相关部门之间缺乏必要的监督，甚至各职能部门或教研单位各自为政，形成独立体系。因此，需要进一步加强内部控制体系的完善和对执行效果的监督，以确保高校的稳健发展，同时，高校应积极引入风险评估机制，增强对各类风险的识别和应对能力，确保高校持续健康发展。

（3）内部审计机构独立性。

目前对高校的外部监督相对有限，政府审计部门有众多业务，而人员数量有限，一般只能采取抽查制度对高校进行审计，因而有些高校或许多年都没有被抽查，导致部分高校存在机会主义倾向和侥幸心理。内部审计和纪检监察都是需要专门的关注和处理的领域，合署办公可能会影响工作的专业性和独立性，内部审计的目标是评估和提升内部控制的有效性，而纪检监察则着重于监督廉政建设和党风廉政建设。然而，目前我国高校在风险评估方面存在不足，即便一些高校开展了相关活动，这些问题也凸显出高校内部控制建设需要进一步加强，包括完善内部控制体系以及监督执行效果。同时，高校应积极引入风险评估机制，增强对各类风险的识别和应对能力，以确保高校持续健康发展。这一过程需要高校领导班子的支持，将内部控制和风险评估纳入全校范围的战略规划中，从而确保高校能够在面对多样化和复杂化的风险时保持稳健和可持续的发展。

为了增强内部审计的独立性，教育部在 2015 年发布了《教育部关于加强直属高等学校内部审计工作的意见》，提出了健全内部审计工作领导机制的措施，使高校内部审计工作由主要负责人直接领导。尽管一些高校已经建立了总审计师制度以增强内部审计的独立性，但内部审计作为一个职能部门，与其他部门之间确实存在紧密的联系。内部审计不仅具备服务和监督功能，也强调审查、监督和评价。为了更好地发挥内部审计的作用，确实需要进一步提升其独立性。内部审计的独立性是确保其有效履行职责的基础，高校可以通过明确审计部门的组织结构、权责分配和报告关系，制定适当的审计政策和流程，以及建立有效的内部审计机制，来增强内部审计的独立性。此外，内部审计师应当具备专业背景和素质，以保证他们在审计过程中的客观性和专业性。提升内部审计机构的独立性将有助于更有效地履行审计监督职责，确保高校内部控制的有效性和合规性，进而推动高校的稳健发展。通过建立更加严谨的内部审计制度，高校可以更好地应对风险，增强管理的透明度和可靠性。

（4）内部控制审计力量。

一是高校内部审计机构目前面临内审人员数量不足的挑战。依据《内部审计实务指南第 4 号——高校内部审计》规定，高校内部审计机构应配备不低于教职工总数千分之二的内部审计人员。然而，多数高校内部审计人员的数量相对有限，甚至有些高校未设立专门的内部审计职位。随着内部审计范围的扩大以及审计任务的增加，内部审计人员不仅需要应对更多的工作任务，还要兼顾其他行政职责，从而导致内部审计人员的短缺问题日益凸显。这种状况直接影响了高校内部审计工作的质量和效率，给其带来了不利的影响。

二是高校内部控制审计人员的经验不足。近年来，高校不断优化内部治理结构，取得了显著的内部审计成果。根据《审计署关于内部审计工作的规定》，内部审计不仅包括对本单位的财务收支审计、经济责任审计、工程项目审计，还涵盖了内部控制及风险管理审计。这使得内部审计职能得到进一步扩展，逐渐发展成为综合性审计。将财务收支审计、经济责任审计、工程项目审计和内部控制审计融为一体，这也符合高等教育体制改革的需要。这一举措有助于更全面地监督和评估高校的运营，促进高校内部控制和风险管理水平的不断提升，为高校的长期稳健发展提供了有力支持。

然而，由于高校内部控制审计领域的发展相对较慢，内部审计人员的经验不足可能会影响其对内部控制的审计效果。为解决这一问题，需要采取措施加强内部控制审计人员的培训和提升，通过不断增强审计人员的专业知识和技能，提高他们的专业水平和能力。同时，高校内部审计机构也应该为审计人员提供更多的学习和培训机会，鼓励他们不断提升自我，以更好地应对复杂多变的审计任务和挑战。通过这些措施，更好地满足高校内部审计工作的需求，促进高校内部控制的持续改进和优化。

三是高校内控审计队伍的专业化素质需要提升。随着我国高等院校规模的扩大，学校的资金来源更加多元化，基础设施建设和各种专项资金的运用更加复杂，这对内部审计提出了更高的要求。另外，由于高校内审工作的广泛性，内部审计人员需要掌握多个领域的知识和技能。除了审计和财会知识外，他们还需要了解高校管理、法律、经济学以及计算机等领域的知识，才能胜任特殊性强的审计工作。然而，目前国内大部分大学的内审人员在理论知识方面存在不足，实践经验也不够丰富，而且缺乏必要的专业培训和继续教育机会，导致国内内审人员在审计工作的深度和广度方面存在不足。因此，内部控制审计领域很少出现突破性和创新性的发展。为了改变这一现状，需要加强内审人员的综合素质培养，提供更加全面的培训和教育机会，以促进内审工作的提升和创新。

（5）内部控制管理信息化程度。

自《行政事业单位内部控制规范（试行）》颁布以来，虽然大部分高校已经建立了内部控制体系，但在制度构建和实施方面仍存在统一性不足，需要加强高校内部控制管理信息化建设，提高不同信息系统之间的互联互通能力，以确保内部控制的有效运作和数据的及时共享。通过建立统一的信息系统平台，整合各部门的数据和信息，高校可以更好地实现内部控制的目标，提升管理效率，确保资源的合理利用，并为高校长期的可持续发展提供支持。在加强高校内部控制管理信息化建设方面，可以采取几个关键的措施。

①统一信息系统平台。高校应该致力于建设一个统一的内部控制管理信息系统平台，将各个部门的信息系统整合在一起。通过统一平台，不仅可以实现数据的共享和互联互通，还能提高数据的准确性和可靠性，避免“信息孤岛”现象的出现。

②投入资金支持。高校需要增加对内部控制管理信息化建设的资金支持，投入足够的资金，确保信息系统的更新和升级，以满足高校内部控制管理信息化建设的需求。同时，高校可以寻求政府和企业等外部合作伙伴的支持，共同推进内部控制信息化建设。

③培养复合型人才。高校应该加强对内部控制信息化建设相关人才的培养，培养同时具备信息化和内部控制知识的复合型人才。

④强化信息安全保障。随着信息化建设的推进，信息安全问题也越来越重要。高校应加强对信息安全的保障措施，确保内部控制数据的安全和保密。应建立健全信息安全管理制度，加强网络安全防护，对内部控制数据进行加密和备份，有效应对信息安全威胁。

⑤推动信息化建设。高校应推动信息化建设在内部控制管理中的融入和普及，通过宣传和教育，增强全体员工对信息化的认知和接受程度，鼓励员工主动学习和运用信息技术，提高信息化建设的整体水平。

综上所述，加强高校内部控制管理信息化建设对于确保内部控制的有效运作和数据的及时共享具有重要意义。通过统一信息系统平台、投入资金支持、培养复合型人才、强化信息安全保障和推动信息化建设等措施的综合推进，高校可以更好地实现内部控制信息化建设目标，提高内部控制的效率和效益，为高校的稳健发展和可持续发展提供有力支持。同时，高校还可以借鉴其他领域的信息化建设经验，不断探索适合自身的信息化发展道路，以适应信息技术的快速发展和高校管理的不断升级。

4.3.2 我国高校内部控制审计的问题分析

（1）高校内部控制审计意识淡薄。

高等学府各级管理层的价值观、思维方式、管理风格等，构成了高等学府内部控制环境的重要组成部分。我国大部分高等学府的管理层由某些专业领域的杰出人才转型而来，相对缺乏高等教育科学有效管理的系统思维模式。在经济社会转型时期，对高等学府的内部控制意识相对欠缺或未受到足够重视。高等学府的管理理念尚未完全适应经济社会转型的需要，高等学府治理层和管理层对于内部控制功能与重要性的认识不足，甚至片面地认为内部控制仅局限于财务控制或资产与资金安全控制，或者出现有规章却不遵循、控制不及于上层领导，而基层部门不得不临时应对，导致内部控制仅停留于形式层面。例如，在某些高校的机构设置与人事任免方面，存在机构庞大、权限不明确与职责不清、任人唯亲等现象。在高校的绩效考评体系方面，轻视各岗位的专业胜任能力以及忽视与职务分离相关的内控要求，评价过程变成了形式主义，或者过于强调对工作态度等主观表现的评价。

（2）尚未建立规范的内部控制审计体系。

一是高校的内部控制体系范围不够全面。例如，一些高校未能建立涵盖对外投资、合同和担保等方面的内部控制制度，导致相关决策和执行程序不规范，可能产生重大损失。近年来，高校普遍扩大规模、增加投资，但却缺乏投资风险评估与控制体系，致使盲目扩张，对学校的正常运营产生负面影响，甚至偏离了办学宗旨。这种规模扩张与办学质量提升失衡的情况，与高校缺乏对重大决策和执行程序的有效监督与控制密切相关。二是高校内部控制的约束对象不够全面。在实施内部控制时，对财政经费进行财务核算的人员受到较强约束，但对校办产业及后勤实体等部门的管理人员以及关键岗位人员的约束却较为不足。三是高校内部控制在部分财务领域存在管理漏洞。例如，高校通常会强调对财政性经费的内部控制，而对预算外特别是创收经费等的内部控制却较为弱化，甚至有些高校未将大量使用学校资产的部分二级单位的财务纳入内部控制范围。

（3）内部审计机构独立性和权威性受限。

在高校内部控制审计工作中，各项工作的开展都要以独立性这一特性为中心，从而保证审计人员审计监督的客观性和公平性。由于体制的原因，在高校内部控制审计机构方面，属于学校管理工作的范畴，与其他部门存在利益关系，并不能充分发挥其独立性。这种管理体制对有关工作的正常开展造成了不利的影响，难以体现出其审计监督功能，显著降低了审计活动的独立性，对提高高校内部控制审计工作的质量不利。而独立性是审计的核心理念，保持审计机构的独立性才能保证审计结果的客观与公正，才能充分发挥审计的建设性和促进性作用。目前，对高校的外部监督有限，政府审计部门要面对诸多业务而人员数量有限，对高校的审计安排一般实行抽查制，有些高校或许多年都抽不到，导致部分高校存在机会主义倾向和侥幸心理。相对于外部审计，高校内部审计最大的优势在于熟悉学校内部情况和高等教育改革与发展相关政策，但高校内部审计独立性和权威性不强，致使内部审计部门的建设与促进性作用的发挥受限，弱独立性导致高校内部审计对象和范围受到约束。

高校内部审计部门作为学校的一个职能部门，接受学校管理层领导，在维护学校管理规范与内部制度方面能够发挥一定程度的积极作用，但对学校领导层或管理层作出的全局性、战略性决策无法进行有效合理的评价，导致部分高校盲目决策、非理性发展。同时，对内部审计的对象和范围，容易受到学校管理层的约束与控制，难以根据工作的实际需要自主决定审计范围和内容。另外，缺乏相应的审计处理处罚权限，致使内部审计的权威性不高，高校内部审计是单位的一种内部管理与控制行为，对于审计中发现和揭露的内部管理与控制问题，因为没有相应的处理处罚权限，致使审计意见不具备强制性，仅能提出改进管理的建议。

（4）内部控制审计力量不足。

审计人员数量无法满足当前审计任务的需求。为了满足新的审计要求，内部审计机构必须拥有审计、管理、法律、工程、信息技术等多领域的专业人才，因此对内部审计人员进行持续的培训和学习至关重要，以不断提升他们的专业能力和适应新挑战的能力，从而更好地适应和引领高校内部控制审计的发展。

为了改变现状，高校应加大对内部审计人员的培养和引进力度，可以制定相关政策，鼓励高校招聘专业背景广泛的内部审计人员。此外，高校还应加强制订内部审计人员的继续教育和培训计划，确保他们掌握最新的审计理论、方法和技能，以适应不断变化的审计需求。通过这些措施，高校内部控制审计工作将能够更加全面、专业和高效地推进，保障学校的经济活动的合规性和稳健运行。

（5）内部控制管理信息化建设质量有待提高。

高校内部控制审计与传统的审计有着明显的区别，它已经不再局限于财务方面的审计，而更注重对高校内部管理、业务流程、风险管理等方面的评价。因此，现有的审计模式很难完全适应内部控制审计的需求，必须建立新的审计模式，并采用新的审计方法，这些新的审计模式需要在实践中不断探索和完善。相比于发达国家和地区，我国在计算机辅助审计软件的研发方面相对起步较晚，这直接影响了高校内部控制审计信息化建设工作的进展。在信息化建设方面，需要加快步伐，积极推动计算机辅助审计软件的研发和应用，以提高内部控制审计的效率和精度。为了适应内部控制审计的发展，高校可以加强内部审计人员的培训，让他们了解新的审计理念和方法。同时，鼓励高校与企业界、科研机构等合作，共同推动内部控制审计领域的研究与应用。此外，建立高校内部控制审计信息化平台，整合和优化审计数据，将有助于更好地开展内部控制审计工作。

总体而言，高校内部控制审计需要不断地更新审计模式和方法，加强信息化建设，并培养专业人才，以适应高校管理的不断变化和复杂化。只有如此，才能确保高校内部控制的有效性和实时性，为高校的持续稳健发展提供有力支持。

（6）风险评估机制缺失。

风险识别与防范是高校内部控制体系的重要功能，然而，频繁发生的高校腐败与舞弊案件显示，高校内部控制体系尚未充分发挥应有的预防和惩戒作用，甚至出现了风险识别与评价功能缺失的迹象。这种状况与高校飞速发展中的重组和扩招狂潮有密切关联。许多高校纷纷建设新校区或迁入大学城，导致盲目扩张，使部分高校负债累累，甚至每年仅利息支出一项就占学校全部支出的较大比重。由于偿还借款本金的能力有限，一些高校只得依赖债务展期或政府代偿以维持运营。

更严重的情况是，一些高校在新校区建设完成后，出现生源萎缩、预算收入大幅减少的现象，这与盲目扩大投资和基建规模，以及对高校运营中的系统风险缺乏分析和评估密切相关。系统的风险评估包括风险识别、风险分析、风险应对等多个步骤，然而目前很多高校忽视了源头防范措施。为解决这些问题，高校应加强对风险的识别和评估工作，特别是在高校发展规划和投资决策阶段，应全面考虑风险因素，并进行全面的风险分析。同时，高校应加强对内部控制体系的建设和执行，强化对财务管理、投资决策和基建项目的审计监督，确保高校运营的稳健与可持续发展。另外，高校应提升内部审计人员的专业能力，注重培训和继续教育，以适应新形势下内部控制审计的需求，并进一步完善内部控制体系，确保风险得到及时、有效的防范和控制。只有这样，高校的内部控制体系才能更好地履行其职责，确保学校持续健康发展。

4.4　本章小结

本章主要阐述内部控制审计在我国的发展现状与存在问题。首先，分别对我国高校内部控制以及高校内部控制审计的发展历程和规范体系进行梳理，简单介绍我国高校内部控制的审计模式，包括全面审计模式、动态审计模式以及风险导向的审计模式。其次，重点说明我国高校内部控制审计当前存在的问题，并分析产生原因。

第5章　基于整合视角的高校内部控制审计流程

中国内部审计协会发布的《内部审计准则》将高校内部审计分为计划阶段、实施阶段和终结阶段，在计划阶段，审计工作以风险为导向进行计划；在实施阶段，主要进行控制测试和实施审计工作；终结阶段则是根据定量和定性相结合的评价体系完成审计工作，并出具审计报告。在高校进行内部控制审计时，严格按照这些步骤进行，能够确保审计工作的系统性和有效性，帮助高校识别和解决内部控制方面的问题，保障学校的健康发展，通过这样的审计工作，高校能够更好地发现和预防潜在的风险，提升内部控制的质量和水平，为高校的可持续发展提供坚实的保障。

5.1　内部控制审计与财务报表审计

5.1.1　内部控制审计与财务报表审计的比较

《企业内部控制基本规范》和《企业内部控制配套指引》的发布，标志着我国企业内部控制规范体系的初步建成，该体系引入了注册会计师内部控制审计这一制度安排，拓展了会计师事务所的业务范围，同时也为注册会计师带来了新的挑战。《企业内部控制审计指引》第五条规定，注册会计师可以单独进行内部控制审计，也可以将内部控制审计与财务报表审计整合进行（以下简称整合审计），如何在审计实务中将内部控制审计与传统的财务报表审计尽可能融合，提高审计工作的效率，是本书试图解决的问题。

（1）审计对象。

《企业内部控制审计指引》明确指出，内部控制审计的首要目标是对财务报告层面的内部控制有效性发表审计意见，并在审计过程中关注非财务报告内部控制的重大缺陷，这些缺陷将在内部控制审计报告中进行披露。内部控制审计是通过对财务报告方面的内部控制有效性进行深入审计，从而为其提供相应的评价，这种审计的目标在于确保所产生的财务报告具有高度的可信度和真实性，进一步增强公司的透明度与声誉，在这一审计过程中，专业审计师会着重关注财务报告的产生过程，确保其准确、可靠、完整，并完全符合法规与标准，这样的审计能够为投资者、股东以及整个市场提供关键的信息，从而支持普遍的经济稳定和可持续增长。

传统的财务报表审计主要关注公司的财务状况、经营成果和现金流量，以财务报表作为信息载体，而财务报表审计则主要关注财务报表本身的准确性和合规性，确保报表中的数字和信息与公司的真实情况一致，并符合相关的法规和准则，这两种审计相辅相成，共同确保了财务信息的可靠性和透明度，通过审计内部控制，财务报表审计能够更全面地评估财务报表，并为财务报告使用者提供有效信息，因此，这两个审计领域在提供高质量的信息服务方面发挥着重要的作用。

（2）审计方法。

《企业内部控制审计指引》规定，注册会计师在进行审计时必须采用“自上而下”的方式，从总体上把握内部控制的风险，接着识别企业层次的风险，再进一步识别风险类型并找到风险来源，最后制定应对风险的多种措施，即辨识风险、评估风险、应对风险。根据风险识别和评估的结果，制定相应的风险应对措施，传统财务报表审计师会从整体上把握被审计单位的风险情况，对不同的财务报表项目进行风险评估，并制定相应的审计程序和措施来应对风险，内部控制审计与传统财务报表审计都强调风险导向的核心思想，都在审计过程中注重全面把握和评估风险，以提供高质量的审计意见和保障企业的可持续发展。

(3) 审计程序。

内部控制审计的核心目标是确认内控的设计与运作有效，在财务报表审计后续，内部控制审计使用询问、观察、检查和重新执行等方式获取控制设计与运行有效性的证据，审计人员通过交流询问、实地观察、检查文件和记录等方式，验证内部控制的设计与实施是否有效，旨在确保内部控制的有效性，从而保障财务报表的准确性和可靠性。因此，内部控制审计与财务报表审计在验证内部控制的设计与运作有效性时，采用的审计程序和方法是相似的，这些审计方法帮助评估企业的内部控制体系，为提供客观的审计意见，以及确保企业经营的稳健性和财务报表的完整性和可信度提供了重要支持。

5.1.2 内部控制审计与财务报表审计的整合

(1) 了解被审计单位及其环境。

了解被审计单位及其环境是审计的关键所在，其中被审计单位环境包括内部环境及外部环境，了解被审计单位的运营环境、产业背景、竞争态势等因素，可以帮助审计人员更准确地识别潜在的风险点，这种前期的了解都是确保审计工作高效和有效的关键步骤。关于应用指引，它们可以分为内部环境类指引、控制活动类指引和控制手段类指引，注册会计师可以按照这一框架详细了解企业的内部控制情况，这种方法有助于更全面地识别风险，并为整合审计提供有针对性的指引，确保审计的有效性和高效性。

(2) 控制测试。

在财务报表审计中，控制测试有特定条件，通常在怀疑内部控制有效性之前或实施实质性程序时缺乏充分证据时进行，这些测试关注财务报表确认层面的相关控制，以确保报表的准确可靠，内部控制审计则要求对所有重要账户、各类交易和报表进行相关控制测试，包括非财务报告，范围更大。若同一项目组进行整合审计并完成内部控制有效性测试，财务报表审计部门无需额外测试，可利用内部控制审计结果，不同项目组间合作也能提高效率，避免重复工作。总之，内部控制审计涵盖更广泛的控制测试范围，整合审计或项目组协作中可充分借鉴其成果，提高审计效率。

（3）实质性程序。

实质性程序是财务报表审计过程中的关键步骤，旨在检查财务报表中的账户余额、交易和披露项目，以确定其准确性、完整性和合规性，这些程序涉及对账户余额和交易进行详细审查、抽样检验、计算核实等方法，以获取充分的审计证据，实质性程序帮助审计人员评估财务报表是否存在重大错误或虚假陈述，从而形成对财务报表真实性的观点。

5.1.3　整合审计的程序和关键测试点

（1）整合审计的程序。

①计划整合审计工作。一是审计项目组的确定。会计师事务所在开始审计工作之前，应全面考虑自身具体情况从而确定负责某项审计业务的审计人员。当两组审计人员对两项工作各有专长，相互之间可以做到较好配合时，会计师事务所可以将两项工作分别委派给两组审计人员。二是重要性水平的确定。在整合审计计划阶段，为做好整合审计工作，注册会计师需要给予财务报表审计和内部控制审计工作相同的重视程度，但在计划准备阶段，注册会计师要在全面考虑各项审计工作后，对之前确定的重要性水平加以调整，并以此作为风险评估的依据。三是利用相关人员工作。注册会计师在进行内部审计工作时，根据特定审计工作的特点和相关人员工作能力，在经过自身专业判断后有选择地借助内部审计人员开展工作，注册会计师无需在审计报告中提及是否借助了其他相关人员的工作成果。

②实施整合审计工作。一是执行风险评估程序。不管是对内部控制进行审核，还是对财务报表进行审核，注册会计师应了解被审计单位的内外环境，对其进行询问和分析，从而确定该单位的内部控制程序是否符合要求，进而对该单位的财务风险进行评估。二是进行控制测试。在

财务报表审计中，可以有选择地对被审计单位的实际情况进行控制测试，而在内部控制审计过程中，核心环节是检验流程，应严格按照检验流程进行。三是分析舞弊风险。在内外部审计工作中，对舞弊风险的分析是需要着重注意的关键环节，注册会计师可以通过风险评估程序确定所面临的舞弊风险，对内部控制审计中的舞弊风险采取专门措施加以识别和修正。

③评价内部控制缺陷。被审计单位的内部控制缺陷可能导致审计人员难以发现审计工作中的错误和舞弊行为，需要采用定性评估，它涉及审计人员判断内部控制缺陷的性质、严重程度和可能影响的范围，这有助于确定哪些方面可能存在问题，从而在审计工作中更加关注这些风险点。定量评估则涉及通过数据分析、模型计算等方法，尽量量化内部控制缺陷可能对财务报表准确性的影响程度，这样的评估可以为审计人员提供更明确的信息，有助于更准确地判断内部控制缺陷的影。通过综合定性和定量的评估，注册会计师可以更全面地了解内部控制缺陷可能对审计工作的影响，从而采取适当的审计程序和方法，以确保审计的准确性和可靠性。

④提交整合审计结果。一是发表审计意见。审计意见是审计人员根据对审计对象的审计工作，提出的专业判断和结论的总结表达，通过发表审计意见，审计人员向利益相关方传达审计的结论和观点，确保审计的透明性和可靠性，这样的审计意见有助于评价被审计单位的内部控制情况和财务报表的准确性，为决策者提供有关信息。在提出内部控制审计意见时，应在整合相关的审计依据后对所发现的缺陷进行分类评估，并提出相应审计意见。提出财务报表审计意见的前提是在审计工作进行过程中，发现审计工作中的有关错误行为，然后根据发现的内容填制错报更正表，并根据错报的类型和性质形成财务报表审计意见。二是发布审计报告。完成审计工作后，会计师会根据审计结果分别发布内部控制审计报告和财务报表审计报告，尽管在实际工作中可能会整合两项审计工作，因此在进行审计收尾工作时，会计师应分别发布两份报告。在整合进行内部控制审计和财务报表审计时，确保两份审计报告的日期均晚

于管理层签署的日期非常重要。同时，会计师签署的两份报告的日期应当相同，这样的操作有助于确保审计报告的准确性、一致性，并满足相关法律法规和审计准则的要求发布审计报告是向利益相关者传达被审计单位内部控制和财务报表审计结论的方式，审计报告是重要的信息披露工具，也具备公信力。审计报告的发布对于保护投资者利益、维护市场秩序和促进企业健康发展都具有重要的作用，发布审计报告代表着审计人员对于被审计单位内部控制和财务报表的独立观点和判断。整合审计流程可概括成图 5－1。

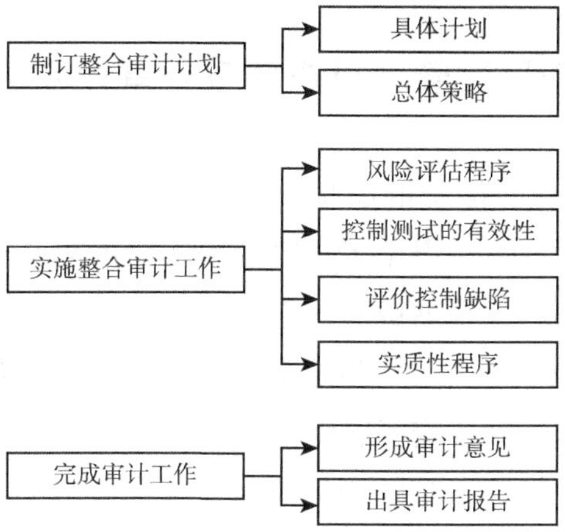

图 5－1　整合审计流程

（2）整合审计的关键测试点。

财务报表审计的风险评估程序是一个持续的、实时的、动态的过程，注册会计师基于这一点选择适当的评估程序来测试企业的内部控制，并根据测试结果评价实质性程度的影响，在进行内部控制审计时，注册会计师应检测与财务报告有关的内容，并关注非财务报告内控的重大缺陷，控制测试的精确性和全面性将直接影响审计的效果以及实质程序的执行，因此，风险评估程序和控制测试是整合审计的两个关键要素，财务报表审计与内部控制整合审计的关键整合点如表 5－1 所示。

表 5-1　财务报表审计与内部控制整合审计的关键整合点

整合点	内部控制审计	财务报表审计
审计计划	确定重要性水平	
业务类型	合理保证的鉴证业务	
审计程序	风险评估、控制测试	
审计证据	相互利用、相互验证	
对舞弊的考虑	内控缺陷导致舞弊	舞弊对重大错报的影响
审计目标	评价内控设计和运行的有效性	改善财务报告信息的质量和内涵
审计办法	风险导向、自上而下	风险导向审计

5.1.4 基于风险管理思想的整合审计方法

20 世纪 50 年代，传统的账项审计已经无法满足经济发展的需求，财务报表审计对内部控制提出了更高的要求，内部控制测试和评价成为审计的重要组成部分，发展成为结合抽样技术和内部控制的制度基础审计。到了 20 世纪 80 年代，企业的生存环境发生了巨大变化，科学技术和网络技术的迅速发展改变了企业的经营模式，企业的竞争日益激烈并趋于复杂化，企业经营风险的增加对审计工作提出了更高的要求，因此以风险为出发点的风险导向审计应运而生，在审计风险模型中，一般认为审计风险 = 固有风险 × 控制风险 × 检查风险，控制风险指的是某一账户或交易可能产生重大错误，而不能被内部控制防止、发现或纠正的可能性，因此，内部控制评价测试对于降低审计风险具有重要作用。风险导向审计“自上而下”的审计方法，首先从财务报表层面对整体内部控制风险进行初步了解，然后识别企业的内部控制，将审计重点下移到重要账户、列报及相关认定的识别，这表明财务报表审计与内部控制之间存在紧密的联系。

财务报表审计体现了风险管理的理念，通过对审计对象及其所处内外部环境的了解，对风险进行识别，风险导向审计法也被应用于内部控制审计。内部控制审计中，注册会计师需要了解审计对象及其所处的内外部环境，从整体层面把握重大风险，采用“自上而下”的风险评估程序，有的放矢地评估企业业务层面的控制。在充分识别企业内部控制风险的基础上，明确风险的来源和因素，选择合理的风险控制手段，因此，内部控制审计方法和财务报表审计方法共同体现了基于风险导向的审计思想。风险导向战略系统审计的流程包括风险评估、控制测试和实质性测试，其中，控制测试是一个重要的审计程序，它对内部控制进行核心检查。此外，实质性测试也是必要的一部分。通过图 5－2 审计流程示意图和重要程序的分析都表明，评估企业内部控制的有效性需要经历整合审计的风险评估、控制测试和实质性程序，这些审计步骤的有机组合帮助注册会计师全面了解内部控制的情况，从而做出准确的审计意见和结论。

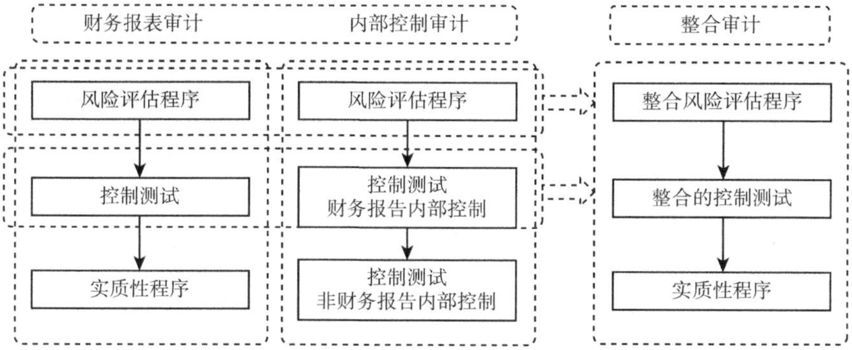

图 5－2　审计流程示意图

5.2　以风险为导向计划审计工作

准备阶段工作通常包括审计立项、项目审批、成立审计组、调查、制订审计计划和审计方案以及制作审计通知书、承诺书和审计资料的准备交接。需要采取的优化策略的重点是：首先，重视对高校自身的组织结构和管理活动特点的掌握，以高校的发展目标、职能定位、社会效益为着眼点，特别要对高校的内部控制体系状况进行充分的考虑，从而对高校的风险点进行合理的预测，准确把握问题点。其次，确定审计项目的相关细节、审计重点和难点，制定出有针对性的审计计划，并配备合适的审计人员。特别需要加强内部审计与内部控制的结合，内部审计的重点应放在高校内部控制体系中的薄弱环节上，而在内部控制能够发挥最优效能的环节上，可以对其进行适当的简化，从而使内部审计资源得到合理的分配，从而提升审计效能。该阶段的工作安排如表 5 – 2 所示。

表 5 – 2　　开展内部控制审计工作的组织流程

<table>
<tr><th colspan="2">部门与人员</th><th>决策</th><th>执行</th></tr>
<tr><td colspan="2">校长办公会分管领导</td><td>审定批准年度工作计划，审定批准审计报告</td><td>——</td></tr>
<tr><td rowspan="3">审计处</td><td>审计处处长</td><td>审定内控审计方案、计划、小组成员，审核审计报告</td><td>拟订年度审计工作计划（安排开展内部控制审计项目）</td></tr>
<tr><td>审计小组主审</td><td>——</td><td>拟订内部控制审计方案和计划，发送审计通知，实施审计，审核审定工作底稿，编写审计报告</td></tr>
<tr><td>审计组成员</td><td>——</td><td>运用审计方法开展审计，编制工作底稿</td></tr>
<tr><td colspan="2">审计对象</td><td>按照审计报告制订并落实整改方案</td><td>提供审计佐证材料，配合开展审计，落实整改</td></tr>
</table>

5.2.1 风险点的选择

在制订高校内部控制审计方案之前，审计组必须对内部控制的风险点进行选择，这要求审计人员深入了解全校被审计单位的基本情况，包括单位性质、组织结构、领导层分工、内部控制制度等。此外，还需要了解单位领导对内部控制的态度以及过去是否存在重大违规行为，并对腐败易发领域进行重点关注，如干部选拔、基建后勤、物资采购、产业投资、职称评定、自主招生、领导班子决策等。审计人员应以案为鉴，根据过往经验，全面分析高校的机构设置表，确保审计方案的全面性和科学性。

5.2.2 风险大小的评估

在高校内部控制审计中，风险评估旨在风险事件发生之前对可能给高校带来的影响和损失进行量化评估。一旦经过定性分析选择了重要的风险点，就必须进行风险大小的评估，以了解各风险点可能造成的影响和损失的程度。这样的定量分析使得审计可以聚焦于重要风险点，确保审计工作的有效性和高效性。在高校内部控制风险的评估方法方面，可以采用简单的表格综合评价法，也可以采用更复杂的建立评价指标体系，并运用层次分析法（AHP）、模糊综合评价法等进行评估。举例来说，表格综合评价法是一种简便易行的方法，如表 5－3 所示。通过这样的评估方法，审计人员可以更好地掌握内部控制的风险情况，从而提高审计工作的针对性和准确性。

表 5－3　　　　高校内部控制部门风险评价表

序号	风险点	业务环节 1	…	业务环节 M	综合评价	结果排序
1	基本建设	权重×金额×概率		权重×金额×概率	Σ权重＝1	
2	物资采购	权重×金额×概率		权重×金额×概率	Σ权重＝1	
3	产业投资	权重×金额×概率		权重×金额×概率	Σ权重＝1	
…	…					
N	干部选拔	权重×金额×概率		权重×金额×概率	Σ权重＝1	
合计						

由表 5－3 可知，在具体进行某个单位或某项业务的风险评估时，首先需要将该业务分解成若干个业务环节，并根据业务权重的大小为各业务环节赋予不同的权重。其次，针对每个业务环节，测算其年度涉及的资金总额和可能违规的概率，从而计算出该业务环节的风险值。最后，进行综合评价，将各业务环节计算出的风险值进行加总，得出整体的风险评估结果。这样的风险评估流程，可以更全面地了解该单位或业务的风险情况，有助于审计人员准确把握审计重点和采取相应的风险防控措施。

需要特别强调的是，高校内部控制风险的评估范围不应仅限于会计领域，而应扩展到教学、科研、基建、后勤、资产管理、人事组织、学生管理等多个领域，这样才能对影响高校运行和发展的关键方面进行全面的风险评估。为了进行全面的风险评估，需要采用定性与定量相结合的方法，对每个领域的风险进行逐项评估，并综合考虑风险的可能性和影响程度，得出综合的风险评估结果。在制定审计方案时，审计团队应根据前面的风险评估结果和高校内部审计资源的情况，选择重点关注若干个风险点进行审计，而不是对整个高校进行全面审计。这样的综合评估方法有助于更全面地了解高校的风险状况，并能够更有效地把握审计重点，采取针对性的审计措施，提高审计工作的效率和效果。

5.2.3 风险机理查证

风险机理查证是对选择进行审计的风险点的内部控制风险进行审计调查与取证，是审计过程中具体的操作步骤。在进行查证时，应集中关注以下几个方面：一是制度的完善性检查：检查各业务环节是否有明确的内部控制制度规定，并分析制度本身是否存在缺陷或漏洞；二是制度的执行力调查：调查内部控制制度的实际执行情况，核实各业务程序是否按照规定的步骤和要求进行；三是业务程序检查：审查各项业务执行过程中是否按照规定的程序进行，是否公开、公正、公平；四是财务票据审查：分析业务环节财务数据的合理性，抽查财务票据的合法性和合规性；五是其他情况的分析与审查：包括对职工在某一风险岗位的任职年限、个人思想品德情况、收入与消费情况等方面的分析与审查。同时，将各个风险点的查证情况记录在表格中，进行综合分析。这样的风险查证工作有助于发现内部控制方面的问题和薄弱环节，为审计人员准确评估风险提供依据，如表 5－4 所示。

表 5－4　　　　　　高校××业务内部控制风险查证表

序号	查证内容	业务环节 1	…	业务环节 M	主要问题	问题成因
1	制度建设					
2	制度执行					
3	业务程序					
4	财务票据					
5	其他情况					
6	综合评价					

5.2.4　风险控制建议

审计人员应根据各个风险点存在的主要风险情况和风险产生的原因，提出完善高校内部控制的对策建议。尽管具体对于某个风险点的对策建议是各不相同的，但一般而言，可以从以下几个方面入手：一是完善内部控制制度，对于没有内部控制制度或不完善的业务环节，首先要完善制度，遵循法规治理高校，将权力纳入制度的规范范围；二是强化制度执行力，对于存在“有法不依、执法不严”业务环节，必须强化单位和业务主管人员的责任意识，建立问责制度，提高单位和业务主管人员的制度执行力；三是完善业务环节，对于决策缺乏监督约束的业务环节，必须增加监督约束程序，充分发挥民主管理和部门监督的作用；四是严格财务预算和财务程序，严格按照上级有关部门和学校的财务制度办事，确保财务预算和程序合规执行；五是加强思想品德教育，提高高校内部控制的自觉性和主动性，通过思想品德教育培养全体成员的责任感和道德素养。

在提出风险控制建议时，还应特别注意高校作为非营利单位，侧重于社会效益，对于一些营利性、风险较高的产业投资和经营项目，应采取风险回避措施，考虑放弃或退出营利性风险项目，以减少风险事件发生的可能性。对于正在发生的风险项目，必须及时采取强制措施，将可能的损失控制在一定的范围内。同时，随着社会的不断发展变化，高校的风险点也在不断演变，因此，针对新出现的风险，需要制定新的政策措施，找到新的约束手段，并在制度博弈与约束平衡中寻求有效的解决方案。

5.2.5 风险跟踪监测

风险跟踪监测是指在审计报告完成后，将审计建议反馈给被审计单位进行整改后，对被审计单位的整改情况和风险情况进行持续跟踪监测。根据跟踪监测的结果，审计部门可以决定是否将其纳入下次审计的风险点，从而形成一个审计的封闭回路。为了实现有效的风险跟踪监测，审计部门采取了多种方法：一是财务数据监测：审计部门根据被审计单位每年的财务数据情况，对其内部控制是否得到改善或恶化进行分析评估；二是问卷调查监测：每年审计部门向被审计单位发放问卷调查表，以了解各项业务内部控制情况是否有所改善；三是综合信息法：审计部门收集各种可能的信息来源，包括新闻媒体报道、其他高校内部信息以及来自高校职工和学生的反馈等，用以检查被审计单位是否存在某些风险情况，并重点关注老业务是否产生新的风险趋势。在进行风险跟踪监测时，高校审计部门可以充分利用高校信息化系统和智慧校园系统，采用切实可行的监测方式，以降低监测成本并提高监测效率。这样的监测方法有助于高校及时了解和评估内部控制的有效性，及时发现潜在风险，并采取相应措施进行纠正，以确保高校的运作稳健和规范。

5.3 以控制测试为重点实施审计工作

内部控制测试是审计的重要阶段之一，旨在验证企业内部控制措施的有效性。财务报表的控制测试在以下两种情况下是必要的：第一，当存在重大错误报告风险且之前的管控措施能够正常运作时；第二，当审计人员无法通过执行实体程序获得足够充分的合理证据时，内部控制审计的控制测试更加全面和深入。因此，在整合控制测试时，将其作为基础，并进一步加强其运行，以更好地适应审计工作。

在选择拟控制测试时，注册会计师需要特别关注证据的真实性以及取得证据所需付出的程度。如果在确认存在错误报告风险时，已有两个或更多的控制能够确认，那么对于该项风险就不需要继续进行控制测试，而应该测试更容易获取证据的控制措施。然而，如果存在可以明显辨别的重大缺陷，内部控制将被视为无效。即使注册会计师在审计中对控制和缺陷的识别达到最高水平，也不能将内部控制的意见排除在外。在这种情况下，会计师应直接执行实质性程序，在整合审计过程中，内部控制审计会计师还需要进一步评估，因为需要进行更多的控制测试来获取更多的证据，这些证据将为财务报告的内部控制审计意见提供更多的支持。这种深入评估和测试将有助于确保审计意见的准确性和可靠性，以便为企业和利益相关方提供有关内部控制有效性的合理保证。

5.4　定量定性相结合评价控制缺陷

目前，内部控制的评价可以通过定性评价和定量评价两种方法进行。定性评价方法是基于评价者对评价对象的观察和分析，通过主观判断做出关于内部控制的价值判断，这种方法通常考虑多个因素，包括流程、流程中的风险点、控制措施等，然后综合分析得出结论。定量评价方法则是将复杂的现象通过量化为具体的指标或相关数据，并使用数值比较的方式进行分析和判断。这可以帮助评价者更客观地衡量内部控制的效果，将数据与既定标准进行比较，从而得出定量结论。不同方法各有优劣，选择哪种方法取决于具体情况和审计目标，综合使用这两种方法，可以更全面地评估内部控制的质量，为企业和利益相关方提供更准确的评价和建议。从高校内部控制建设研究中发现，所选指标倾向于实现定性和定量的结合。这样的做法优点在于可以将抽象的评价目标一步步细分为更加直观、简单明确的形式，最终构建一个多层次、多指标的内部控制审计框架。因此，采用层次分析法展开内部控制审计流程的设计是合理的核心思想，其核心思想是先进行“缺陷认定”，找出内部控制中存在的缺陷。具体认定过程如图 5－3 所示。

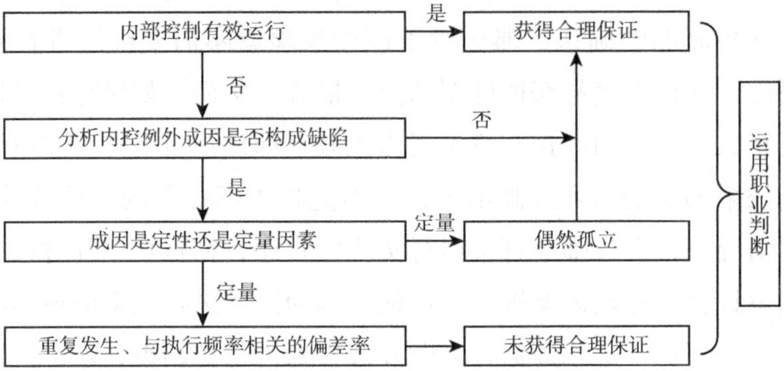

图 5－3　缺陷认定过程

在确认高校内部控制设计与运行两个层面的有效性之后，有必要采用明确的标准对内部控制缺陷进行判定，同时评估可能引发的补偿性控制影响。以下是各类缺陷的列举示例。

（1）重大缺陷。

重大缺陷主要是指：财务数据遭到恶意篡改，导致错误的财务报表；资金流转过程中存在大额流失，影响高校财务的可持续性；重要研究成果的知识产权保护措施不足，导致知识流失的风险。

（2）重要缺陷。

重要缺陷是指：部分课程评估流程缺乏透明度，可能导致不公平的评价结果；采购流程中存在潜在的合同违规行为，增加了合规风险；部分实验室安全标准执行不严格，存在人员和环境安全的隐患。

（3）一般缺陷。

一般缺陷是指除了重大缺陷和重要缺陷之外的其他缺陷，内部审计程序未对所有关键业务流程进行充分覆盖，可能漏检潜在风险；部分部门沟通协调不足，可能影响跨部门合作的效率；内部控制培训和意识提升不够，可能影响员工的合规意识。实际的内部控制缺陷需要综合考虑高校的特定情况和运营环境，通过细致的评估和分类，高校可以更有效地识别、管理和补强内部控制，以确保其稳健运营和风险管理。审计人员必须逐个地对审计中发现的缺陷进行一一评价和评估，按照重要程度评估在审计过程中以识别但尚未更正的错误是否重大，如图 5－4 所示。

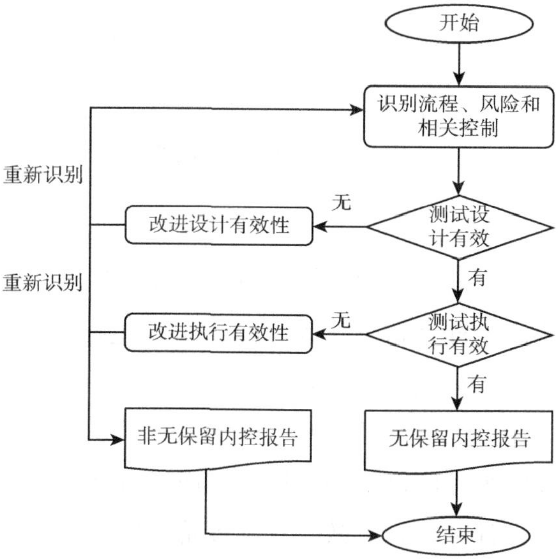

图 5－4　评价内部控制有效性并识别重大缺陷示意图

5.5　内控审计结果对财务报表审计的影响

在审计报告阶段，会计师需要综合评估所得的审计依据，对内部管理是否存在严重弊端和财务报表是否存在严重错误上报等情况进行评估，将这些评估结果表达于审计意见中。审计意见的类型包括以下内容。无保留意见：确认财务报表准确真实，内部控制有效，未发现重大错误或弊端；带强调事项段的无保留意见：财务报表基本准确，但某些事项需要特别强调，可能影响财务报表使用者的理解；无法表示意见：由于缺乏足够审计证据，不能确定财务报表的真实性或存在严重不确定性；否定意见：确认财务报表存在重大错误，影响财务报表的整体准确性。此外，财务报表审计可能涉及保留意见，指出存在问题，但无法明确确认其影响是否重大，财务报表的内部控制活动旨在保障财务报表和相关信息的真实性和安全性。因此财务报表审计和内部控制审计的结论是相互关联的，在整合审计报告时，可以将财务报表审计意见和内部控制审计意见合并在一个报告中，或分别在两份报告中表达审计结论。无论采取何种方式，审计报告属于鉴证业务，其主要目的是提供独立专业的审计意见，而不是咨询业务。

5.6 本章小结

本章重点介绍了面向高校的整合审计流程，特别强调了内部控制审计的三个主要阶段：计划审计工作、实施审计工作以及评价控制缺陷。在编制审计计划时，强调了风险导向和对舞弊风险的关注，同时设定了与财务报表审计相同的重要性水平，以确保审计全面有效；在实施审计工作阶段，审计师需要明确控制测试的性质、时间安排和范围，以充分测试内部控制的设计和执行有效性；在评价控制缺陷阶段，采用了定量与定性指标相结合的方法，对重大缺陷进行明确和评估，以全面掌握内部控制的情况。最后，本章探讨了内部控制审计结果对财务报表审计的影响，并强调财务报表审计如何充分利用内部控制审计的结果来提高审计效率和效果。在整个流程中，审计师需要综合应用多种方法和指标，以确保审计工作的准确性和可靠性。

第6章　基于整合视角的高校内部控制审计报告

6.1　完成审计工作

审计工作完成后，进入审计报告阶段，因此，还应当完成记录审计工作，整理、复核审计工作底稿，评价审计证据，最终形成审计意见等工作。在此阶段，审核组将得出审核结论，形成审核报告，评估内控风险，并提出审核建议。同时，重要的是要防范评估不当风险，审核组必须认真进行综合分析工作，以防止问题只表面化，审核结论应该有充分的依据，审核报告要立意高远，应从宏观层面综合考虑，全面评价被审单位业务活动的内部控制及其风险。审计报告阶段流程具体如图6－1所示。

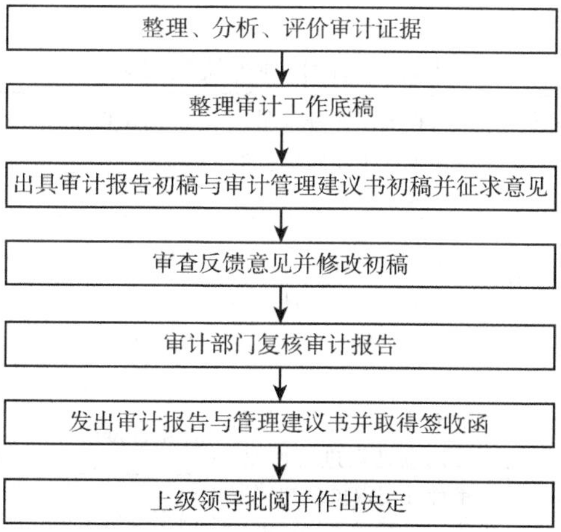

图6－1　审计报告阶段流程

根据图 6 – 1，审计报告阶段包括以下步骤：

（1）审计小组综合评价：在审计项目完成后，审计小组对所获得的审计证据进行综合评价，以确定内部管理是否存在严重弊端，财务报表是否存在严重错误上报等情况。这个评价过程有助于形成审计报告的内容和结论。

（2）向内部审计部门提交审计报告：在审计小组完成综合评价后，他们将编制好的审计报告提交给内部审计部门。这份报告会详细列出审计的发现、评价结果以及可能的建议或意见。

（3）内部审计部门复核报告：内部审计部门会对提交的审计报告进行复核，以确保报告的准确性、完整性和一致性，他们会仔细检查报告中的审计依据、分析、结论等内容。

（4）提出审计意见和做出处理决定：在复核过程中，内部审计部门会针对审计报告中的相关事项提出审计意见，这些审计意见可能涉及对内部控制的改进建议、财务报表的准确性等方面。根据审计意见，内部审计部门还可能做出相应的处理决定，如制订行动计划来改进内部控制流程或纠正财务报表错误。整个过程展示了审计报告阶段的重要步骤，从评价到报告提交，再到内部审计部门的复核和提出审计意见与处理决定，这确保了审计结果的准确性和合规性，以便进行后续的合适行动。审计报告的阶段业务流程安排如表 6 – 1 所示。

表 6 – 1　　审计报告阶段业务流程安排

业务环节	业务流程	流程节点业务说明	岗位设置	岗位职责
审计报告阶段	审核工作底稿	主审审核工作底稿，汇总审计结果	内审小组主审	审核工作底稿，汇总审计结果
	编制审计报告征询意见稿	主审编制审计报告征询意见稿并提交审计部门负责人审核	内审小组主审	编写审计报告征询意见稿
			内审部门负责人	审核审计报告征询意见稿
	征询审计意见并修订	被审计单位就审计报告征询意见稿进行回复，审计部门根据反馈情况确定是否需要修订审计报告	被审计部门	就审计报告征询意见稿进行反馈回复
			内审小组主审	根据反馈情况修改审计报告
			内审部门负责人	审核审计报告

续表

业务环节	业务流程	流程节点业务说明	岗位设置	岗位职责
审计报告阶段	审计报告审批、签发	单位领导对审计报告进行审批，内审部门签发审计报告并报送相关部门	单位领导	审批审计报告
			内审部门负责人	签发审计报告并报送相关部门
	整改追踪	被审计部门形成整改计划，内审部门跟踪被测试部门整改情况	内审小组主审	跟踪被测试部门整改完成情况

6.1.1 记录审计工作，整理审计工作底稿

审计工作底稿是贯穿整个审计过程的重要纽带，底稿是在审计过程中逐步形成的，记录了审计师进行审计工作的全过程，是对整个审计工作的最真实反映。在财务报表审计过程中，审计工作底稿起到了至关重要的作用。审计师在执行实质性程序时所获得与内部控制相关的有效证据应当记录在审计底稿中，以便后续的审计人员能够了解审计工作的全貌，核查审计过程是否完整和符合要求。这些内部控制审计底稿的记录包括对财务报表编制过程中的内部控制制度的评价、测试的过程、发现的问题和相关的建议等。通过这些记录，审计人员可以对财务报表的真实性和准确性进行评估，并确定是否存在重大的内部控制缺陷。

另外，内部控制审计的底稿主要记录了对高校内部控制制度的评估和测试过程，以及对内部控制的有效性和合规性的评估结果，这些记录包括对高校内部控制政策和程序的审查、实地考察和测试的结果、内部控制缺陷的发现和解决方案等。在整合审计的底稿方面，审计师需要将财务报表审计和内部控制审计的底稿进行整合，形成完整的审计工作底稿。整合的过程需要仔细核对财务报表审计和内部控制审计的底稿内容，确保信息的准确性和一致性。通过整合，可以清晰地了解审计工作的全貌，发现潜在的问题和风险，并对高校的内部控制和财务报表的合规性进行综合评估。

综上所述，审计工作底稿在财务报表审计和内部控制审计中都起到

了重要的作用。它是整个审计工作联系在一起的纽带，记录了审计过程中的关键信息，通过健全和完善审计工作底稿对高校内部控制和财务报表的准确性和合规性进行了评估和反馈。

6.1.2 评价审计证据，形成审计意见

审计证据在审计工作中起着至关重要的作用，它是注册会计师发表审计意见和做出审计结论的主要依据。注册会计师通过多种方式对被审计对象进行综合审计，目的是获取充分的、真实的、可靠的审计证据，以客观反映企业的实际情况。由于审计证据的数量庞大、来源广泛、形式多样、内容复杂，注册会计师需要通过各种渠道和采用多种获取审计证据的程序来收集，并将所收集的审计证据加以整理、筛选。在收集审计证据的过程中，注册会计师需要仔细考虑证据的来源和可靠性。在对审计证据进行评价时，注册会计师会结合多个渠道获得的证据，进行综合分析和判断。他们需要识别可能存在的错误、问题和风险，并评估其对财务报表和内部控制有效性的影响。

对于内部控制有效性的评价，注册会计师会查阅本年度涉及内部控制的内部审计报告或类似报告，并评价其中指出的控制缺陷。注册会计师需要针对这些缺陷进行深入分析，评估其对企业内部控制的有效性产生的影响，并提出相应的建议和改进措施。在对内部控制有效性形成意见后，注册会计师还需要对企业内部控制评价报告中有关法律法规规定的要素列报是否完整和恰当进行评价，这一步骤确保了内部控制评价报告的准确性和合规性，同时也保证了注册会计师审计意见的权威性和可信度。

综上所述，注册会计师需要在评价过程中综合考虑来自不同渠道的证据，以形成准确、可信的审计意见。审计证据的充分、真实和可靠将确保内部控制审计的有效性和合规性，为高校内部控制的持续优化和改进提供有力支持。同时，注册会计师的专业能力和判断力也将对审计证据的评价和处理产生重要影响，进一步提高审计工作的质量和价值。

6.2　出具审计报告

6.2.1　审计报告的内容

根据《第 2201 号内部审计具体准则——内部控制审计》的要求，内部控制审计报告应当包括如下内容：

（1）报告封面：包含审计公司或审计师的名称、报告日期、审计报告标题等基本信息；

（2）报告摘要：对审计的结果进行简要概述，通常在报告的开头部分提供；

（3）管理层的陈述：管理层就财务报表的真实性和完整性发表声明；

（4）审计范围：说明审计涵盖的时间段、地点和相关的财务报表及项目；

（5）审计目标或目的：阐明进行审计的主要目标或目的；

（6）审计方法和程序：描述审计师进行审计时采取的方法、技术和程序；

（7）审计发现：对审计结果的具体陈述，包括发现的重要问题、错误或不符合会计准则的情况；

（8）财务报表的意见：审计师对财务报表的真实性和公正性发表的意见，通常分为无保留意见、保留意见、否定意见或无法表示意见；

（9）财务报表附注：对财务报表的补充说明，包括重要会计政策、会计估计和其他注释；

（10）其他信息：可能包括审计师与管理层进行沟通的信息、非财务信息等；

（11）签署和日期：审计师签署报告，并标明审计报告的日期。

审计报告的内容可能因具体的审计对象和目的而有所变化，但通常以上列出的内容是比较常见的。审计报告对于保证财务报表的可靠性和透明性非常重要，可以帮助利益相关方了解被审计实体的财务状况和经营情况。

6.2.2 审计报告的类型

内部控制审计报告有四种类型，分别为标准无保留意见、无保留加强调事项段、否定意见、无法表示意见四种，不能出具保留意见的审计报告，下面分别对四种报告进行说明：

（1）标准无保留意见。审计发现内部控制有效，并符合相关的审计准则和标准，没有发现任何重大的缺陷或问题，审计师对整体内部控制体系表示满意，出具无保留意见。

（2）无保留意见强调事项段。虽然内部控制的设计和运行在大部分方面是有效的，但审计师在特定领域或方面发现了一些轻微的缺陷或有待改进的地方，审计师会在报告中加入相应的强调事项段，强调需要特别关注或改进的问题。

（3）否定意见审计报告。审计师发现内部控制存在重大缺陷，这些缺陷可能导致财务报表的错误或不准确，无法保证报表的可靠性，因此，审计师对内部控制体系发表否定意见，表明无法确认其有效性。

（4）无法表示意见。在某些情况下，审计师由于无法获得足够的审计证据，无法对内部控制的有效性进行充分评估，这可能是因为企业提供的信息不足或者存在重大的不确定性。在这种情况下，审计师将出具无法表示意见的报告。

需要注意的是，不能出具保留意见的审计报告，因为保留意见意味着审计师在报告中强调了内部控制的缺陷或问题，并且这些问题对财务报表的真实性和可靠性产生重大影响。如果发现了重大的内部控制问题，审计师通常就会选择无保留加强调事项段、否定意见或无法表示意见作为审计报告的结论。

6.3　非财务报告内部控制重大缺陷描述

内部控制审计是确认和评价企业内部控制有效性的关键过程。它涵盖了以下主要内容：①确认和评价内部控制设计与运行的缺陷和缺陷等级：在内部控制审计过程中，审计人员会检查企业内部控制的设计和运行情况，发现可能存在的缺陷，然后对这些缺陷进行分级评估，确定其严重程度；②分析缺陷产生的原因：审计人员会深入分析内部控制缺陷的原因，探究为何这些缺陷出现，可能涉及流程问题、人员培训不足、制度缺陷等；③提出改进建议：基于对内部控制缺陷的评估和分析，审计人员会提出改进内部控制的具体建议，旨在帮助企业改进存在的缺陷，提升内部控制的效果和效率。另外，非财务报告内部控制审计强调在审计内部控制设计过程中，专注于非财务报表项目内容的审计，同时披露审计过程中发现的重大缺陷。这种方式有助于确保企业在不同层面的内部控制都得到了适当的审查和改进。根据现行规定，对于内控审计中发现的非财务报告内部控制的重大缺陷，需要增加描述段进行披露，以提醒相关利益者注意企业存在的非财务报告内部控制缺陷，并根据这些信息做出必要的决策。

内部控制缺陷是指公司内部控制的设计或运行无法合理确保实现内部控制目标，其中，财务报表缺陷是指公司在旨在合理保证财务报告真实完整的内部控制和保护资产安全的内部控制中，与财务报告可靠性目标相关的控制存在缺陷，与此相反的是不影响财务报表的指引，包括组织架构、企业文化、发展战略、人力资源、社会责任、内部信息传递、信息系统与监督等八个方面的控制。简言之，内部控制审计旨在发现并改进设计和运行中的缺陷，包括对非财务报告内部控制进行审计和披露。这有助于增强相关利益者对企业内部控制的认识，以便做出更明智的决策。

（1）组织架构控制缺陷。

在评估企业的组织架构时，需要考察以下几个方面，以确保其有效性、科学性和高效性。①有效性：组织架构应该能够实现企业的战略目标和使命，确保各项业务和职能的有序运作，需要审查各级管理层的职责和权限，以及决策层级是否明确，确保信息传递和业务流程的畅通；②科学性：组织架构设计应该合理，符合管理学原理和企业的业务特点。需要评估企业的分工和协作机制，是否科学合理，并且能够适应企业的业务发展和变化；③高效性：组织架构应该能够提高企业的运营效率和生产效率，需要考察决策层级是否过多导致决策滞后，以及是否存在重复劳动或资源浪费的情况。

此外，在评估组织架构时，还需要检查企业内部相关机构的设置是否符合逻辑，如是否有明确的部门和岗位设置，是否有明确的职责和权限划分。还需要审查职位之间的任务分配是否公平，避免出现职责重叠或职责不清的情况。同时，需要关注任务的执行是否迅速和高效，确保组织架构能够支持企业的业务运作，并能够及时应对市场变化和竞争挑战。如果在评估过程中发现组织架构存在问题，如无效的层级结构、不合理的分工、决策滞后或执行效率低下等，就可以认为该企业的组织架构控制存在缺陷。这些缺陷可能影响企业的决策能力、运营效率和业务发展，因此需要及时提出改进建议，以优化组织架构，提高企业的整体绩效。

（2）发展战略控制缺陷。

在评估企业的发展战略时，确保战略的适当制定和有效执行是至关重要的。发展战略是企业在长期内实现目标和愿景的路线图，它必须与企业的实际情况相符合，并具有相对的稳定性，以确保企业能够在不断变化的市场环境中持续发展。首先，评估战略的制定过程至关重要。战略的制定应该是一个经过深思熟虑、全面考虑的过程，要考虑到企业的优势、劣势、机会和威胁，充分发挥企业的核心竞争力。战略应该是基于充分的市场调研和内外部环境分析，确保其可行性和可持续性。其次，战略的执行是战略成功的关键。一个好的战略如果无法有效地执行，将无法实现其预期的效果。在评估战略执行时，需要关注企业内部的组织架构、资源配置、决策机制等方面，以确保战略能够得到有效的落实。此外，战略的长期性也是评估的重要因素。一个好的战略应该具有相对的稳定性，不会频繁变动。频繁变动的战略可能导致企业方向不明确，影响企业内部的稳定性和士气；长期稳定的战略有助于企业形成战略的价值观和企业文化，并确保企业能够持续地朝着目标迈进。最后，如果在评估过程中发现战略制定不当、执行不力，或者战略不利于企业的长远发展，就可以认为企业的发展战略控制存在问题。在发现问题后，企业需要及时调整战略，做出相应的改进措施，以确保战略的有效性和企业的长期发展。只有确保战略的适当性、有效性和稳定性，企业才能在竞争激烈的市场中获得持续发展的优势，并实现战略目标和长远愿景。

（3）人力资源控制缺陷。

在讨论企业的人力资源管理时，确实需要关注多个方面，包括人力资源结构、政策和程序、管理效能以及人才储备系统等。首先，人力资源结构的合理性是关键。一个合理的人力资源结构能够确保企业拥有适合不同岗位要求的员工，使得组织各个部门的员工配备和能力相匹配，其包括员工数量、岗位职责、薪酬水平、员工绩效评估等方面的平衡和协调。如果人力资源结构不合理，则可能导致人才浪费或人力短缺，影响企业的运营效率和竞争力。其次，相关政策和程序的完善对于人力资源管理至关重要。企业需要建立健全的人力资源管理制度，明确员工的权利和义务，确保公平公正的招聘、晋升和薪酬体系，以及有效的绩效评估和员工培训体系。再次，管理的有效性是衡量人力资源管理的重要指标。一个高效的管理团队能够及时发现员工的问题和需求，并采取适当的措施加以解决。管理者需要具备良好的沟通能力和领导力，能够激发员工的工作热情和团队合作精神。如果管理效能不足，则可能导致员工对组织的不满和不信任，影响员工士气和团队的凝聚力。最后，人才储备系统的完备性对于企业的长远发展至关重要。一个完备的人才储备系统可以确保企业有足够的合适人才储备，应对未来的战略变化和组织发展需求，其包括建立人才梯队计划、继任计划、培养计划等，以及开展人才选拔和培养的长期规划。如果人才储备系统不完备，则可能导致企业在关键岗位上出现空缺，影响组织的稳定性和持续发展能力。

综上所述，企业在人力资源管理方面需要关注人力资源结构的合理性、相关政策和程序的完善、管理的有效性，以及人才储备系统的完备性。如果在这些方面发现问题，就可以认为企业在人力资源管理方面存在缺陷。因此，企业应该不断优化和完善人力资源管理体系，以确保员工的发展和企业的长期发展目标相一致，从而提升组织整体的竞争力和可持续发展能力。

（4）社会责任控制缺陷。

在现代社会，企业的社会责任被视为一种重要的经营理念，不仅关注经济层面的盈利，更强调对社会和环境的积极贡献。企业的社会责任不仅关乎企业自身的声誉和形象，更是对社会、员工和环境的一种回馈和担当。首先，企业在履行社会责任方面应该注重社会和环境的积极影响。这意味着企业应该积极参与社会公益事业，回馈社会，推动社会进步。企业可以通过捐赠慈善基金、参与公益活动支持教育和文化事业等。同时，企业还应该关注环保问题，采取节能减排措施，降低资源消耗和环境污染，为可持续发展贡献力量。其次，企业应该重视安全生产，确保员工和消费者的安全。安全生产是企业社会责任的重要组成部分，企业应该建立完善的安全管理体系，加强对员工的安全培训，落实安全生产责任制，从源头上预防事故的发生。同时，企业还应该确保产品质量，提供安全可靠的产品和服务，保障消费者的权益，维护企业的公信力。最后，企业应该关心员工的利益，提供良好的工作条件和福利待遇。员工是企业的重要资源，企业应该尊重员工的权益，关心员工的生活和职业发展，企业可以提供具有竞争力的薪酬和福利待遇。

综上所述，企业的社会责任不仅关乎经济层面的成功，更体现在对社会和环境的积极影响，对员工的关心和尊重。履行社会责任不仅有助于企业的长远发展，也有利于建立良好的企业形象和声誉。企业应该在经营过程中注重安全生产、资源节约，保障产品质量和员工福利，以体现对社会和员工的责任心和担当，积极为社会的繁荣和进步做出贡献。只有如此，企业才能赢得公众的认可和信任，树立良好的企业形象，实现可持续发展。

（5）企业文化控制缺陷。

企业文化是一个企业的灵魂和核心，对于企业的长期稳健发展至关重要。积极、创新、诚信且有风险承担能力的企业文化可以激发员工的工作热情，提高工作效率，增强企业的竞争力，并使企业更好地适应市场变化和挑战。

首先，积极的企业文化能够激发员工的工作热情和创新精神。当企业倡导积极向上的企业文化时，员工会更加热爱自己的工作，对企业充满归属感和忠诚度。员工在积极的企业文化氛围下，更愿意主动贡献自己的智慧和创新，推动企业不断进步。其次，诚信的企业文化有助于建立企业良好的信誉和声誉。诚信是企业文化的基石，只有以诚信为核心的企业文化，才能赢得员工、客户、合作伙伴和社会的信任和认可，诚信的企业在经营过程中会遵循道德和法律规范，不断提升服务质量和产品品质，从而建立起良好的企业形象。最后，有风险承担能力的企业文化使企业更加勇于面对挑战和变革。市场竞争激烈，企业面临着各种不确定性和风险，在有风险承担能力的企业文化引领下，企业可以勇敢地面对挑战，灵活应对市场变化，寻找创新机会，并不断探索新的业务领域。

因此，管理者应高度重视并加强对企业文化的塑造和引导。首先，管理者应以身作则，成为企业文化的表率，坚持诚信、责任和创新，以积极的态度引领员工。其次，管理者应与员工共同参与企业文化的建设，鼓励员工提出建设性意见和建议，达成共识。同时，企业应设立相应的奖励和激励机制，鼓励员工在企业文化建设中发挥积极作用。总之，企业文化是企业的灵魂，对于企业的长期稳健发展具有重要作用。积极、创新、诚信且有风险承担能力的企业文化可以激发员工的工作热情，提高工作效率，增强企业的竞争力，并使企业更好地适应市场变化和挑战。只有建立起积极健康的企业文化，企业才能在激烈的市场竞争中脱颖而出，不断创新发展。

（6）内部信息传递控制缺陷。

企业内部信息的传递是组织内各部门和员工之间进行有效沟通和信

息共享的重要途径，对于企业的长期稳健发展至关重要。在当今复杂多变的商业环境下，应确保内部通信系统的科学性和完整性。

首先，有效的内部信息传递是协调工作的基础。在一个组织内部，各部门和员工需要相互合作，协调工作以实现共同的目标，避免重复劳动和资源浪费，提高工作效率和生产力。其次，内部信息传递对于提高决策质量至关重要。在日常经营中，企业管理层需要及时获得各个部门的信息和反馈，以做出正确的决策。通过有效的内部通信，管理层可以及时了解市场变化、客户需求、竞争对手动态等信息，从而作出明智的战略决策，提前预判风险和机遇。最后，透明的内部信息传递有助于增强员工对企业的认同感和忠诚度。当员工感知到企业对内部信息传递的重视和透明度时，他们更愿意参与企业的发展和共同为企业目标而努力。透明的内部信息传递也有助于营造积极的企业文化，增强员工的归属感和工作满意度。

因此，企业需要建立和维护健全的内部通信机制，确保信息传递的准确性、及时性和透明度。首先，企业可以采用多种内部沟通工具和平台，如内部邮件系统、企业社交平台、定期会议等，促进信息的传递和共享。其次，企业应该鼓励员工积极参与内部交流和反馈，开放沟通渠道，倾听员工的声音和建议。此外，企业管理层应该注重内部信息的保密和安全，防止信息泄露和滥用。总的来说，保持良好的内部信息传递对于企业的协同运作、提高工作效率和做出正确决策至关重要。通过建立健全的内部通信机制，企业可以促进信息的流通和共享，增强员工的工作动力和忠诚度，提高企业的竞争力，实现持续发展。只有在这样的基础上，企业才能更好地应对挑战，实现业务增长和提升竞争力。

（7）信息系统控制缺陷。

在现代企业中，信息系统控制是确保信息化平台高度重视和有效管理的关键要素。信息系统在企业中的重要性日益凸显，涵盖了数据管理、业务流程优化、决策支持、客户关系管理等方面，直接关系到企业的运作效率和竞争力。

首先，健全的信息系统控制能够确保信息系统的合理开发和运营。

企业在引入信息系统时，需要确保系统的开发符合企业的实际需求和战略目标，避免出现不必要的功能冗余或缺失。同时，信息系统的运营需要保持稳定性和高效性，确保系统的正常运行和数据的准确传递，从而提高企业的生产效率和响应能力。其次，信息系统控制需要积极防范安全风险。随着信息化程度的提高，企业面临着越来越多的网络安全威胁和数据泄露风险。因此，企业必须采取有效的措施，如设立安全防火墙、加密敏感数据、建立访问权限控制等，以保障信息系统的安全性和保密性，防止潜在的信息安全事件对企业造成不可挽回的损失。再次，信息系统控制有助于提升企业的业务创新，唯有不断创新和优化业务流程，才能在市场中立于不败之地，信息系统的灵活性和高效性使得企业实现业务增长和持续发展。最后，信息系统控制需要管理者的高度重视和有效指导。企业管理者应该充分认识到信息系统控制的重要性，并制定相应的管理策略和控制措施，他们应该明确信息系统控制的目标和指标，及时跟踪信息系统的运行状况，发现问题并及时纠正，确保信息系统能够始终发挥其作用，为企业的稳健运营和长期发展提供有力支持。

综上所述，信息系统控制对于现代企业的顺利运营和持续发展至关重要。通过健全的信息系统控制，企业能够确保信息系统的合理开发和运营，积极防范安全风险，提升业务创新和竞争力，从而更好地应对市场挑战，实现业务增长和提升竞争力。管理者应高度重视信息系统控制，将其纳入企业战略规划中，确保信息系统在企业发展中发挥更大的作用。

（8）监督控制缺陷。

在现代企业管理中，监督控制是确保企业运营稳健和合规的关键环节。它是通过对企业的运行状态进行观察和管理，及时发现问题并采取相应措施进行改正，从而保持企业的高效运作和竞争力。

首先，有效的监督控制可以帮助企业及时发现问题并解决。随着企业运营的复杂性和规模的增大，问题的产生是难以避免的。通过建立健全的监督机制，企业能够及时发现潜在问题，防止问题进一步扩大和演变成危机。及时解决问题可以避免企业在竞争中失去先机，保持企业的持续发展。其次，监督控制有助于保持企业运营的稳健和合规。企业必须遵守相关法律法规和行业规范，以确保企业运营的合法性和合规性。通过监督控制，企业可以及时发现并纠正违规行为，避免因违规而面临的法律风险和声誉损失。稳健的运营和合规性是企业获得公众信任和长期发展的基础。最后，企业应高度重视监督控制，并建立健全的监督机制。这需要企业建立清晰的监督控制流程和责任体系，确保监督控制工作的透明和高效。同时，企业应鼓励员工积极参与监督控制工作，增强员工的责任感和参与意识，共同维护企业的长期利益。

综上所述，监督控制是现代企业管理中的重要环节。它可以帮助企业发现问题、及时解决，保持企业的运营稳健和合规，提高企业的运营效率和竞争力。企业应高度重视监督控制，建立健全的监督机制，确保企业的运营始终处于有效的监管和管理之下。只有通过严密的监督控制，企业才能更好地实现自身的发展目标，并取得持续的成功。

6.4 整合审计报告

注册会计师需要将审计工作所应用到的各个数据信息整合到审计报告中，常见的需要整理的信息包括财务报告内部控制测试结果、财务报表审计中发现的错误、已经发现的财务报表内部控制缺陷，以及对这些财务报表内部控制缺陷的解决情况。这些整理的信息是审计报告的重要组成部分，有助于向相关利益者提供关于企业财务报表和内部控制状况的全面和准确信息，帮助他们做出明智的决策。同时，通过整理这些信息，还可以为企业提供改进内部控制和提高财务报告准确性的建议和方向，审计报告的发布对于企业的信誉和声誉至关重要。因此整理和呈现这些信息需要严谨和细致，确保审计报告的准确性和可靠性。

参考企业内部控制审计报告模板，本章认为，高校标准整合审计报告的模板示例如下。

审计报告

××高校：

我们对附带的××高校财务报表进行了审计，其中包括××年×月×日的资产负债表、××年×月×日的资产负债表、××年×月×日的利润表、现金流量表、股东权益变动表以及财务报表附注。同时，我们按照《企业内部控制审计指引》和中国注册会计师执业准则的相关要求，对××高校××年×月×日的财务报告内部控制的有效性进行了审计。通过这次审计工作，我们对该高校的财务报表和内部控制情况进行了全面的评估和确认，以保障相关利益者对财务信息的可靠性和准确性。审计报告的发布对于维护高校声誉和信誉具有重要意义，因此我们在审计过程中本着严谨、客观、公正的原则进行了工作，以确保审计结果的可信性和权威性。

一、管理的责任

按照《高等学校财务制度》的规定编制财务报表是××高校管理层的责任。这种责任包括：

（1）设计、实施和维护与财务报表编制相关的内部控制，以使财务报表不存在由于舞弊或错误而导致的重大错报；

（2）选择和运用恰当的会计政策；

（3）作出合理的会计估计。

根据《内部审计实务指南第 4 号——高校内部审计》的规定，高校董事会有责任建立健全和有效实施内部控制，并对其有效性进行评价。

二、注册会计师的责任

作为注册会计师，我们的职责是在实施审计工作的基础上对财务报表发表审计意见。我们按照中国注册会计师审计准则的规定执行审计工作，遵守职业道德规范，全面计划和实施审计工作，以获取合理保证财务报表是否存在重大错误报告，以及是否在所有重大方面保持了与财务报告相关的有效内部控制。

在审计工作中，我们执行各种审计程序，以获得与财务报表金额和披露相关的审计证据，审计程序的选择取决于我们的判断，包括对由舞弊或错误导致的财务报表重大错误报告风险的评估。我们还评价管理层选用的会计政策的适当性以及作出会计估计的合理性，并对财务报表的整体报告进行评价。

我们对财务报告内部控制的有效性发表审计意见，并披露注意到的非财务报告内部控制的重大缺陷。财务报告的内部控制审计涵盖了了解财务报告的内部控制，评估重大缺陷存在的风险，并根据风险评估的结果测试和评估内部控制的设计和运行的有效性，以及执行其他我们认为必要的审计程序。

我们相信，我们获取的审计证据是充分且适当的，为发表审计意见提供了合理依据。

三、内部控制的固有局限性

内部控制天然地具有一些局限性，可能无法完全防止和发现错误报告，此外，由于情况的变化，内部控制存在一定的风险，无法准确预测未来内部控制的有效性，在进行内部控制审计时，需要充分认识这些局限性，并采取相应措施以减少风险，并努力保证审计结果的准确性和可靠性。

四、审计意见

我们认为，××高校财务报表已经按照《高等学校财务制度》的规定编制，在所有重大方面公允反映了××高校××年×月×日的财务状况以及××年度的经营成果和现金流量。

我们认为，××高校按照《内部审计实务指南第 4 号——高校内部审计》和相关规定在所有重大方面保持了有效的财务报告内部控制。

××会计师事务所　中国注册会计师：×××（签名并盖章）
（盖章）　　　　中国注册会计师：×××（签名并盖章）
中国××市　　　　　　　　　××年×月×日

6.5　本章小结

在本章中，我们详细介绍了审计完成阶段的主要工作内容和审计报告类型，同时提供了相应的应用模板作为举例。在审计完成阶段，我们需要记录审计工作的过程，评价审计所得的证据，并形成审计意见。这些步骤都是审计工作的重要组成部分。内部控制审计报告共有四种类型，分别是标准无保留意见、无保留加强调事项段、否定意见以及无法表示意见，对这四种报告类型，我们在本章中进行了详细的说明，包括应用条件和适用情况的解释。除此之外，本章还专门阐述了非财务报告内部控制的重大缺陷内涵，强调了对这些方面的审计重要性。另外，对于财务报告内部控制和财务报表整合审计，我们提供了一份整合审计报告模板，并进行了深入分析。总体而言，本章内容涵盖了审计完成阶段的重要工作和审计报告类型，旨在向读者展示审计过程中的重要环节和注意事项，以确保审计的准确性和可靠性。

第7章　高校内部控制审计案例分析

7.1　H高校总体概况

H高校是一所“部省合建”的综合性大学，同时也是H省重点支持的“双一流”创建高校，作为独立法人，该高校独自承担法律责任，在招生、学科和专业设置、教学活动、科学研究、技术开发与社会服务、国际交流与合作、机构设置与人员配备、财产处置等方面，H高校享有依法办学的自主权，H高校的组织架构如图7－1所示。

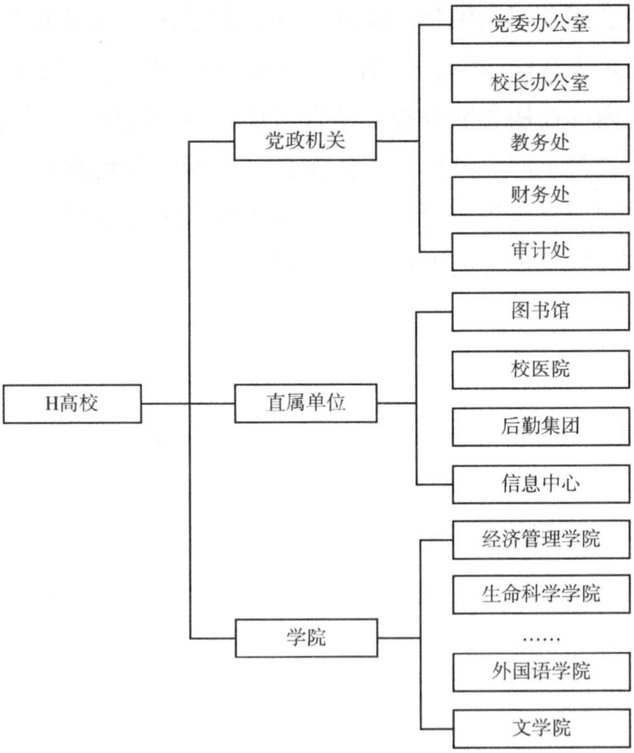

图7－1　H高校组织架构

根据H高校的组织架构，其设有党委办公室、校长办公室、党委组织部、财务处、研究生院、资产管理与后勤保障处、党委宣传部、纪委办公室、团委、教务处、人事处、保卫处、审计处、学生工作处等多个部室，同时还有近20个下级学院。H高校按照上级教育以及财政等主管部门要求，开展了内部控制建设，并每年按照要求开展内部控制自评工作。习近平总书记于2020年1月2日对审计工作做出重要指示，指出审计是党和国家监督体系的重要组成部分，为适应新时代新要求，学校审计处提出了校内审计全覆盖的工作规划。

根据《H高校“十四五”发展规划纲要》，H高校计划探索设立审计处作为其内部审计机构。该处将作为代表学校执行内部审计工作的职能机构，负责制定学校审计制度并承担各类具体审计任务。其职责主要涵盖对本单位的财务收支、经济活动、内部控制和风险管理进行审计和监督，以促进学校治理的完善。目前审计处遵循审计署《关于内部审计工作的规定》以及教育部《教育系统内部审计工作规定》等制度规定，主要聚焦经济审计、工程审计、科研审计和综合审计等多个审计领域。

其中，经济审计内容包括财务收支和预算管理情况，资金、资产、资源的管理和效益情况，单位管理的领导人员履行经济责任情况，境外资产和境外经济活动情况；工程审计内容包括基建和大型修缮项目跟踪审计情况；维修工程项目的结算审计情况；科研审计是高校审计的重要内容与特征，H高校按照不同类别科研项目管理要求，开展科研经费使用、科研绩效等审计；综合审计的范围包括以下方面：贯彻国家和学校重大政策措施的情况、发展规划的执行情况、重点工作和年度业务计划的履行情况、内部控制和风险管理的状况，以及办学、科研、后勤保障等主要业务活动的管理效果和效益情况。为确保审计的全面性和有效性，H高校审计处已将内部控制及风险管理情况纳入内审工作内容。这样能够更好地掌握高校在各项业务活动中可能存在的问题和风险，并提出改进意见和建议，促进高校的健康发展。

7.2 H 高校内部控制审计概况

在 H 高校内部控制审计中，由 ABC 事务所负责执行，审计内容主要关注于该校各单位和业务层面的内部控制情况。审计方法主要涵盖对单位和业务流程进行评估，以确保内部控制的有效性和合规性。

7.2.1 H 高校内部控制审计内容

（1）高校内部控制审计要求。

根据 H 省教育厅 2016 年发布的《内部审计发展“十三五”规划》中的主要任务第五条，H 高校积极推进内部控制审计等管理审计工作，目标是逐步建立内部控制监督评价制度，开展内部控制审计，并及时改进内部控制，完善内部治理，规范学校运行。为了确立一个有效的内部控制体系，H 高校决定借助外部第三方咨询机构的专业知识。这个内部控制体系包含多个要素，如内部环境、风险评估、控制活动、信息与沟通以及内部监督等。这些要素通过融合行政、财务和会计系统，形成了一个有机的组织管理结构，包括政策、流程和措施，旨在达到自我调整和规范化的目标。通过组织单位层面和业务层面的内部控制审计，高校推动建设成果的实际落地和执行，不断提升管理水平，切实防范风险。这一举措有助于确保高校的运营更加规范、透明，保障教育质量和学校声誉的持续提升。

（2）高校内部控制审计目标。

内部控制审计被称为“内部控制的再控制”，是因为其目标在于监督、确认内部控制目标的实现过程，并提供可靠的意见。高校内部控制审计则是确认和评价高校内部控制有效性的过程。它通过确认和评价设计和运行缺陷，分析其成因，提出改进建议，使内部控制体系与学校发展保持一致。H 高校的内部控制审计目标包括以下方面：检查和评价内部控制体系的合理性、合法性、科学性和有效性；特别关注第三方咨询机构所构建的内部控制体系在实际落地的情况；确保各层级、部门、学院和法人单位严格按照内部控制手册的规定建立和执行内部控制。在内部控制审计过程中，应及时向党办、校办反馈发现的内部控制设计与执行问题，并提出解决方案和整改措施。同时，也需要优化组织管理架构及职责权限，确保内部控制的有效性。此外，还需要分析现有内部控制措施的有效性和必要性，以寻找合规控制和审计周期的平衡点。这有助于确保高校依法办事，优化内部治理结构，实现高质量、高效率和稳步发展的目标。这些目标的实现有助于确保高校内部控制的有效性和健康发展，从而提升学校的整体管理水平和运行效率。

7.2.2　H 高校内部控制审计工作建设

（1）组织机构。

H 高校的内审部门在纪委书记的领导下，开展涵盖多个领域的工作。内部审计部门内设有财务审计科、工程审计科、合同审核科、综合审计科以及综合办公室。该部门由一名处长、一名副处长、五名科长和七名办事员组成，负责处理全校各类审计业务。其主要职责包括：制订学校各类审计计划和相关规章制度；筹措、拨付、管理和使用学校教育事业费及各类专项资金的审计工作；对科研项目进行审签或审计，对重大、重点科研项目进行跟踪审计；对新建、改建、扩建、维修等项目竣工结算进行审计；跟踪审计学校基本建设项目和重点维修项目；对学校占控股地位或主导地位单位的财务收支进行审计；管理学校国有资产的审计工作，协助监督国有资产的安全和完整；对学校内管干部进行经济责任审计；审计学校内部控制制度的健全、有效性和风险管理；管理学校科研项目外的合同审核和管理工作；对省级社会学术团体、学会的财务收支进行委托审计；完成学校交办的其他任务。这些职责确保内审部门在多个方面为学校的发展和管理提供支持和监督。内审部门在学校内部担当着重要的监督与评估角色，通过开展各类审计工作，确保学校的各项业务和资金使用合规、高效，进一步提高学校管理水平和内部运作的透明度。具体科室职责如表 7－1 所示。

表 7－1　H 高校审计处各科室职责分工

科室	职责
财务审计科	1. 执行学校专项资金跟踪审计以及结项审计工作；
	2. 主管学校科研项目经费的签审、审计并跟踪重大、重点科研项目；
	3. 检查各学院、中心和直属单位的财务收支情况；
	4. 负责学校相关专项审计调查任务；
	5. 协助推进财务系统的建设和维护；
	6. 履行领导交办的其他职责
工程审计科	1. 负责学校 2 万元以上的新建、改扩建、维修等工程项目的竣工结算；
	2. 执行学校基本建设工程及重点维修项目的跟踪审计；
	3. 协助进行重点工程项目前期招标清单审核、主材市场调研等任务；
	4. 组织协调对外送审计项目，并对审计结果进行复核；
	5. 配合相关部门完成竣工结算工程项目的固定资产结转工作；
	6. 提供与工程审计相关的造价咨询服务；
	7. 履行领导交办的其他职责
合同审核科	1. 主管学校各类工程项目合同的审核；
	2. 审核学校各类仪器设备买卖合同；
	3. 审核学校服务类合同；
	4. 审核资源出租、出版资助、培训班等合同；
	5. 管理和使用负责学校“合同专用章”；
	6. 协助与学校法律事务中心沟通处理合同中涉及的法律事项；
	7. 协助相关职能部门制订、完善常用合同范本；
	8. 协助监督合同履行情况并处理合同违约；
	9. 完成领导交办的其他任务
综合审计科	1. 负责学校内管干部经济责任审计工作；
	2. 完成领导干部经济责任审计项目后续审计工作；
	3. 审计学校固定资产管理、使用和效益情况；
	4. 审计校办企业年度财务收支情况；
	5. 审计校办企业财务报表；
	6. 协助完成专项审计或者审计调查任务；
	7. 完成领导交办的其他任务

续表

科室	职责
综合办公室	1. 起草审计处文稿、审核审计文书和统计上报各类报表；
	2. 记录办公会议，督促决议的落实；
	3. 保管和使用部门印鉴；
	4. 负责审计处内部经费报销、人员工资变动、福利等事务；
	5. 接待来访人员和对外联络；
	6. 管理固定资产和办公用品的补充和购买，订阅报纸杂志等工作；
	7. 档案归档、整理、保管审计文书；
	8. 收集、整理和发布办公自动化系统内部信息和相关信息；
	9. 完成领导交办的其他任务

从提供的信息中可以看出，在 H 高校的审计处职责分工中，并未明确列明负责内部控制审计工作的具体机构与人员。这可能导致内部控制审计没有被纳入审计部门的日常工作框架中，然而，该情况正在得到解决，因为 H 高校正在积极进行人员与机构调整。这种调整将有助于加强对学校内部控制制度的审计，确保其健全、有效地管理风险。内部控制审计对于学校和其他组织的健康运营至关重要，它有助于发现潜在的风险和漏洞，并提供改进建议，帮助学校更好地管理和控制内部流程，确保资源的合理利用和财务的合规性。通过将内部控制审计纳入日常工作计划，H 高校将能够更全面地保障其内部控制的有效性，并进一步提升财务和管理水平。

（2）制度建设。

为了确保审计工作规范、科学地进行，H 高校审计部门已根据校内实际情况制定了多项制度，如表 7－2 所示。针对财务审计、基建工程审计、科研项目审计、合同审核、领导干部经济责任审计等方面，H 高校审计部门已颁布了相关规章制度，以便审计人员能够有效地开展工作。然而，对于内部控制审计工作的实施，目前并没有明确的操作指南。这将对内部控制审计工作的顺利开展产生重大影响。确立明确的内部控制审计制度是至关重要的，这些制度将为审计人员提供操作指引，规范审计工作的程序和方法。透过制度化，审计部门将能够更好地评估内部控制的健全性，并为学校的管理层提供关键的决策支持。因此，H高校审计部门亟须制定内部控制审计的实施章程，以确保这一重要工作得到妥善执行。这样的举措将有助于进一步提升高校的管理水平和财务透明度，为高校的可持续发展提供强有力的支持。

表7－2　　　　H高校审计处制度建设情况

序号	制度名称
1	H大学审计处内部审计工作规定
2	H大学审计处财务收支及专项审计工作流程
3	H大学审计处基建工程项目审计实施办法
4	H大学审计处基建工程及维修竣工结算审计办法
5	H大学审计处科研项目财务决算审计办法
6	H大学审计处合同审核管理办法（试行）
7	H大学审计处领导干部经济责任审计意见（建议）落实情况督察办法
8	H大学审计处领导干部经济责任审计规定
9	H大学审计处中层管理人员经济责任清单
10	H大学审计处重点学科建设经费审计办法（试行）
11	H大学审计处二级学院资金审计规定（试行）
12	H大学审计处审计结果公告办法（试行）
13	H大学审计处专项审计调查项目工作流程

（3）主要内容。

由于内部控制审计尚未纳入H高校审计部门的日常工作框架，为了推进内部控制审计工作，学校成立了内部控制专项审计工作小组。由审计部门牵头，联合纪检监察处，并由党办校办实际负责。该小组基于内部控制五要素，H高校的内部控制审计工作包括以下几个方面：

①内部环境。通过综合考虑学校的发展战略、治理结构、机构设置、信息系统等因素，联系学校的内控制度，评价内部环境层面的内部控制流程的设计与运行情况。

②风险评估。基于《H省省属院校内部控制配套指南——风险分析与报告》中列出的风险点，结合学校的内控制度，识别和分析学校日常管理活动中可能出现的风险，并评价相应的风险应对策略。

③控制活动。参照相关指南，联系学校的内控制度，评价与学校有关的各项内部控制措施的设计和运行情况。

④信息与沟通。以指南中有关信息与沟通的要求为依据，联系学校的内控制度，评价校内信息系统的及时性。

⑤内部监督。以相关条款为依据，联系学校的内控制度，评价内部监督机制的有效性，特别关注纪检监察管理部门、内部审计机构在内部控制设计与运行中的监督作用。通过成立专项审计工作小组和制定具体的审计范围，H 高校审计部门将逐步探索内部控制审计方法和流程，以促进该项工作在学校内有效展开，对内部管理和风险控制产生积极影响。

7.2.3 H 高校单位层面内部控制审计内容

H 高校单位层面内部控制审计包括以下五个方面（见图 7－2）。

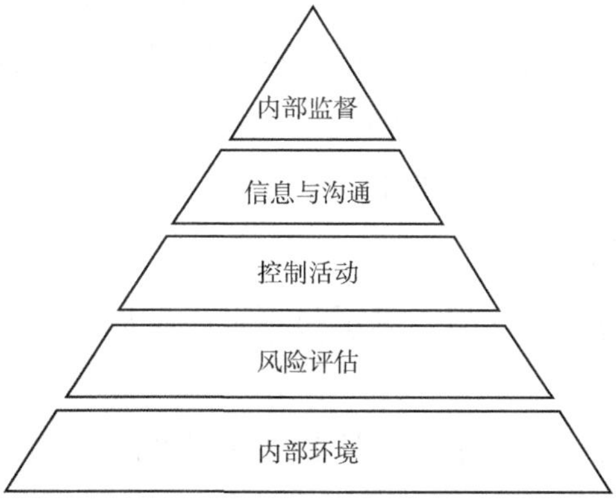

图 7－2 单位层面内部控制五要素

（1）内部环境。

审计重点：立足图 7－1，重点对 H 高校的组织运行状况进行评估，同时关注学校文化建设情况。

①组织运行状况。H 高校采取了一系列措施来推动内部控制的建设。首先，学校成立了内部控制建设领导小组，由学校领导组成，以确

保高层的支持和关注；其次，学校还设立了由各部门主管负责人组成的工作小组，旨在协同推动内部控制建设工作的实施。每年，这个领导小组会组织工作小组对学校的内部控制建设情况进行评估，以确保内部控制机制的有效性和合规性。通过这些措施，学校能够持续关注内部控制建设，不断进行评估和优化，以确保内部控制机制与学校的发展保持一致。

②学校文化建设。H 高校采取了一系列措施来规范教师队伍的职业道德和日常行为。首先，学校制定了教师手册，其中明确规定了教师的日常工作准则、教学管理和奖惩机制，以确保教师行为的规范性和一致性；其次，对于新入职的教师，学校教务处会向他们解释并发放教师手册，明确手册的重要性，以便他们了解和遵守学校的规范；最后，为了进一步加强教师队伍的职业素养，学校还组织新入职员工参加由省教育厅主办的专题培训。这些培训内容包括教师职业道德、高等教育学、教育法和高等教育心理学，旨在帮助教师全面了解职业要求并提升专业素养。通过这些措施，H 高校致力于确保教师队伍的行为规范、职业道德和教育质量的提升。通过对内部环境进行审计，H 高校可以全面评估组织的运行状况和学校文化建设情况，同时，通过规范教师队伍的行为，提高学校的管理水平和整体效率。

（2）风险评估。

审计重点：对发展规划的制定与审批、发展规划实施的监控及调整进行评估。

①发展规划的制定与审批。H 校每五年制定一次五年期发展规划，为确保规划的科学性和可行性，学校成立了发展规划编制工作领导小组，由学校主要领导组成，并设立办公室和专题小组，邀请校内各方面专家和部门领导参与。这一制度保障了高层领导的参与和支持，同时充分汇集了多方面的专业知识和意见，有利于规划的质量和有效性。

②发展规划实施的监控。学校的发展规划与学科建设处负责监控五年期发展规划的执行情况，并进行期中和期末的检查。学校采取了一系列措施来确保发展规划的有效实施和实际情况的及时反馈。首先，学校

要求各相关部门单位详细说明自己的执行情况，包括完成百分比和期望值，这有助于确保每个部门对发展规划的执行情况有清晰的了解；其次，到发展规划期末，发展规划与学科建设处会组织各相关部门单位说明各自部门或单位的发展规划完成情况，这个过程包括详细的说明和报告，以及将其提交给上级领导审核通过。这样的监控机制确保了发展规划的执行情况得到及时监督和反馈，有助于在下一阶段的发展规划制定中考虑实际情况，从而更加准确地指导学校的发展方向。

③发展规划实施的调整。如果学校在发展规划实施过程中遇到不可预测的因素影响，学校会采取相应的调整措施。这些调整的程序会与发展规划的制定程序一致，以确保变化能够得到适当的处理和应对。这意味着学校会重新评估变化带来的影响，并在需要时进行修订。与制定发展规划时一样，调整过程可能涉及多个部门的协调，需要对目标、策略和计划进行重新审视和调整。这样的灵活性和响应能力，能够帮助学校在不可预测的情况下适应变化，继续朝着可持续发展的目标前进。

（3）控制活动。

审计重点：评估 H 高校的关键岗位与人员定期轮岗机制、退出机制和离任审计；对重大事项决策机制和会计系统控制及财务报告流程进行审计。

①关键岗位与人员。H 高校通过编制《组织架构图》明确了组织机构设置，各个部门单位都设有负责人，以支持发展规划与学科建设处的工作。为确保岗位与人员的稳定性和管理水平的提升，H 高校通过制定《关键岗位人员轮岗实施细则》来明确关键岗位人员定期轮岗的机制，确保高校管理的公正、透明和稳定性。根据这个细则，关键岗位人员的轮岗分为定期轮岗和不定期轮岗：定期轮岗周期为四年，允许关键岗位人员连任两期，然而，连任两期后，这些人员必须进行轮岗，以确保岗位的流动性和人员的多元化；不定期轮岗是根据特定的工作或业务需要来安排的。这种轮岗可以更灵活地满足实际情况下的人员调动需求，以支持高校的运营和发展。这样的轮岗机制有助于防止某一关键岗位人员长期控制权力，保持岗位的多样性，同时也能够提升人员的专业

经验和技能。这有助于维护高校内部的公平性和透明度，促进人才队伍的整体素质提升。

H 高校对关键部门或单位处级以上员工离职实施了明确的程序，以确保离任过程的透明和规范性：一是行政职务辞职信的提交和审批流程。关键部门或单位处级以上员工离职时，首先需要提交行政职务辞职信，这封信会经过一系列的审核流程，包括党委常委会的审核、组织部的发文同意等，这确保了离职决策经过层层审核和批准。二是离任审计程序。审计处负责对离任人员进行离任审计，以确保离任过程的透明和合规，离任人员需要向审计处提供述职报告等相关材料，并出具承诺书，以表明提供的资料真实准确。三是审核程序。离职员工辞去行政职务后，需要填写辞职信，然后由其部门或单位领导、人事处、分管人事副校长和校长进行审核，这个审核过程确保了离职程序的严谨性。通过这些步骤，H 高校能够在关键岗位员工的离职过程中，确保程序的透明性、合规性，并通过离任审计机制提供额外的保障，以维护高校的管理规范和声誉。

②决策机制。H 高校建立了明确的重大事项决策机制，以确保决策的科学性和合规性。这一机制覆盖了人事任免、项目安排、大额资金使用等重要领域，党委常委会每两周由党委书记或指定的常委召集并主持召开一次会议，全体常委出席，其他主要学校领导列席旁听，根据这个机制，重大事项的决策必须通过党委常委会召开正式会议来进行。这确保了决策过程的高度透明性和集体决策的民主性。党委常委会作为高层领导机构，具备综合决策能力，可以对各类重大事项进行审议和决策。通过这样的机制，H 高校能够有效地保障重大事项的决策过程，确保决策的合规性、公正性和科学性，从而为学校的管理和发展提供了坚实的支持。

③会计系统控制及财务报告流程。H 高校依据财政部《会计基础工作规范》由学校财务处负责组织实施财务工作。财务处下设综合科、资金管理科、预算管理科、一卡通中心、会计核算中心以及收费与财税科，确保财务工作的专业化与规范化。财务处还负责财务报告流程的规

范执行，确保财务报告的准确性和及时性。通过对关键岗位与人员轮岗机制、决策机制以及会计系统控制与财务报告流程进行评估与审计，H 高校能够进一步加强内部控制，确保学校管理和运营的高效性与规范性，为学校的可持续发展提供坚实的保障。

（4）信息与沟通。

审计重点：对 H 高校的信息系统规划和管理进行评估。

H 高校图书与信息中心制定了五年发展规划，其中详细说明了学校信息化建设现状、问题、发展规划，主要建设工程和经费预算情况。这一发展规划经过图书与信息中心教职工代表大会审核，并报学校发展规划与学科建设处编制规划。然而，在目前情况下，H 高校的信息系统还存在一些问题，包括未覆盖合同业务和建设项目业务，以及未规定信息系统的管理程序、安全政策、逻辑访问、变动管理和数据备份制度。

针对这些问题，审计部门应对 H 高校的信息系统进行全面评估，包括以下方面：①信息系统覆盖范围。审计部门需要核实 H 高校目前信息系统的覆盖范围，包括哪些业务和流程，以确定是否覆盖了合同业务和建设项目业务。②系统管理程序。审计部门应对 H 高校的信息系统管理程序进行审查，确保相关的管理流程和程序已经明确制定并得到有效实施。③安全政策。审计部门需要检查 H 高校是否制定了信息系统的安全政策，包括数据安全、网络安全、用户权限管理等方面，以保障信息系统的安全性。④逻辑访问和变动管理。审计部门还应评估 H 高校的信息系统是否建立了逻辑访问控制措施，以及是否制定了变动管理制度，确保信息系统的稳定性和数据的完整性。⑤数据备份制度。审计部门需要核查 H 高校是否建立了数据备份制度，以确保重要数据的备份和恢复能力，防止数据丢失和灾难事件。通过对 H 高校信息系统规划和管理的评估，审计部门能够提出改进建议和措施，以确保信息系统的健全性和有效性，促进学校的信息化建设和发展。

（5）内部监督。

审计重点：对 H 高校的内部审计和内部控制评价进行评估。

①内部审计。H 高校采取了有针对性的措施，针对多个领域制定了

相应的工作规定或管理办法，以确保内部审计和管理的合规性和有效性，这些规定或办法覆盖了以下方面：学校内部审计：确保学校内部的各项活动和运营符合法规和规范，减少潜在的风险；建设工程全过程审计：监督建设工程从计划、招标、实施到验收的全过程，确保项目的透明度和合规性；“高校优势学科建设工程”审计：监察高校优势学科建设项目的资金使用情况，保障项目实施的合理性和效益；处级领导干部经济责任审计：审计处级领导干部在经济活动中的责任履行情况，确保干部行为合规；预算执行与决算审计：审计学校预算的执行情况，确保资源利用的有效性；“三公”经费使用：监督公务接待、公务出国和公务用车等费用的使用，防止滥用和浪费；基建工程招投标和科研经费审计：监控基建工程的招标和科研经费的使用，确保过程合规。这些工作规定和管理办法有助于规范学校内部的各项活动，加强内部审计与监管，从而确保高校的经营和发展更加有序、透明、合规，这些规定和办法明确了内部审计的范围、内容、程序和责任，确保内部审计工作的科学性和规范性，审计部门应对这些规定和办法的实施情况进行评估，以确保内部审计的有效实施和监督。

②内部控制评价。H 高校每年年末开展内部控制评价工作，采取了一系列严格的步骤来确保评价的准确性和透明性。一是成立内部控制评价小组：学校成立内部控制评价小组，该小组负责规划、组织和实施内部控制评价工作；二是编制《内部控制评价方案》：学校编制详细的内部控制评价方案，确保评价的范围、方法和流程都得到清晰定义，这个方案会经过领导小组的审批通过；三是部门单位配合评价小组：各个部门单位与评价小组合作，共同完成内部控制评价工作，这包括提供相关信息和数据，并协助评价小组进行评价；四是编制《内部控制评价报告》：评价小组根据方案完成评价后，会编制《内部控制评价报告》，这个报告会提交给领导小组进行审阅；五是党委常委会审核：《内部控制评价报告》会经过党委常委会的审核，确保评价结果的客观性和准确性。通过这个严格的评价流程，H 高校能够对内部控制进行全面、透明的评估，确保学校的运营和管理在合规性和效率方面得到持续的改进

和提升。这个评价流程保障了内部控制评价的独立性和公正性，确保评价结果的客观准确性。审计部门应对 H 高校的内部审计和内部控制评价进行全面评估，包括评估相关的制度、程序和实施情况。通过评估，可以发现问题和不足之处，并提出改进意见和建议。审计部门还应关注评估的可持续性，确保内部审计和内部控制评价工作能够持续推进并对学校的发展产生积极影响。

7.2.4　H 高校业务层面内部控制审计内容

H 高校的主要业务层面内部控制情况涵盖了预算管理制度、收支业务流程、政府采购业务流程、资产控制业务流程、建设项目控制流程和合同控制流程，这些内部控制流程有助于确保高校的各项业务活动在合规、高效和透明的情况下进行。

（1）预算管理制度。

审计重点：对预算的编制与审核、分解与下达、执行与监督、考核进行评估。

①预算的编制与审核。H 高校的预算编制流程紧密严谨，确保了经费的合理使用和管理。经过多个审批阶段，从部门计划到最终批复，每一步都有严格的监控，以满足高校经济运作的透明性和合规性。同时，这个流程也反映了高校对财务管理的认真态度和责任感。在收到教育部财务司的批复后，H 高校将得到预算控制数，这将成为接下来一年内资金使用的重要依据，财务处预算管理科将根据批复所做的修改，确保预算与实际需求一致，并再次提交给主管财务处副处长、处长和校长办公室进行最终审批，这个阶段的审批是确保预算计划最终可行性和合理性的最后一道关口。整个流程的审计部门的参与非常重要，他们的评估保证了整个预算编制和审查过程的透明度和诚信性。审计部门的审查不仅关注合规性，还关注经费的有效使用和预算计划是否能够支持高校的教育和研究使命。通过这个严密的预算流程，H 高校可以更好地管理和分配资源，实现其教育使命，并确保资源的透明、合规和高效使用。除了

预算编制与审核外，审计部门还应对预算的分解与下达、执行与监督以及预算的考核进行评估。这将有助于确保H高校的预算管理制度得到有效实施，预算资金的合理分配和使用，并加强对预算执行情况的监督和考核，从而保障学校财务运作的透明、规范和高效。

②预算的分解与下达。在预算批复后，财务处预算管理科将负责对预算进行分解，将整体预算分配给校内各个部门单位，这个过程涉及将预算分解成收入和支出的明细，并提交给各部门单位的业务部门主管进行审批。一旦审批通过，预算明细会再次提交给财务处预算管理科，财务处预算管理科会汇总所有部门单位的分解预算明细，然后编制H高校的财务收支预算报告和拨款通知。这份报告会详细列出各经费归口部门、各项目的预算指标、单位次年预算明细以及各项目的预算绩效指标等信息。随后，这份报告会提交给财务处、校长办公室和党委常委会进行审核。在审核完成后，财务处综合科将对财务收支预算报告及预算经费拨款通知进行确认核对，经过审核的校内预算和收入与支出预算将由财务处进行统一下发给各部门单位执行。这个流程确保了预算的合理分配和使用，以及在各个部门单位之间的透明沟通和监督，有助于高校的经费管理更加有效和规范。审计部门应对预算的分解与下达过程进行评估，重点关注预算分解的准确性、合理性和依据，确保各部门单位按照规定和审批程序进行预算的分解和上报。同时，审计部门还需要关注财务收支预算报告及拨款通知的编制是否符合相关要求，并核实各部门单位执行预算的情况，以确保预算的正确执行和资金的合理使用。

③预算的执行与监督。每月，财务处预算管理科都需要精心编制国库资金执行情况统计表，详细罗列了本月内基本支出与项目支出预算的执行情况，包括绝对数和相应百分比。这份细致入微的报表在经过财务处的严格审核后，会被提交至教育部财务司，以供核查和审议。同时，在各个部门单位内，每月都会紧密围绕项目预算执行情况展开工作，每个单位都会精心编制《单位项目预算执行情况报告》，将本月的基本支出和项目支出实际执行情况详尽呈现，而这些报告则会经各部门单位负责人仔细审阅。这些经过审核的报告会在被汇总至财务处预算管理科之

前，逐一提交，这一连串的步骤确保了预算的准确执行并强化了透明度。同时，这个过程也促进了部门间信息共享，为决策者提供了有力的数据支持，使整个预算管理体系更加高效且有序。每年年终，财务处向各部门单位下发通知，布置年终财务结算工作任务[①]。各项财务结算任务完成后，财务处会在财务系统中执行结账操作。在年终财务工作结账完成后，财务处预算管理科会着手编制一份名为《决算报表》的文件，该报表总结了整个年度的财务工作情况。经过财务处内部的审核后，该报表会提交至教育部进行审核，一旦教育部完成审核，财务处将根据教育部的审查意见对《决算报表》进行修改，修改后的报表将会经过财务处领导和校长办公室的审核，然后再次上报至教育部。这一系列步骤确保了财务数据的准确性和透明度，同时也确保了高层管理层对于财务工作的全面了解和审查。

④预算的考核。在 H 高校中，实行预算绩效管理制度。每年预算执行完成后，各部门单位会首先进行自我评估，并撰写报告，详细说明预算的执行情况、分析，以及绩效完成情况。这些报告会在各部门单位领导的审核下，提交给财务处预算管理科，财务处预算管理科会对各部门单位自评报告的数据完整性和准确性进行审核。在确认报告无误后，他们会编制一个综合性的绩效评价报告，其中会列出各部门单位的预算执行信息和绩效信息。该绩效评价报告会提交给审计处和副校长进行审查，一旦评价报告经过审核，人事处和财务处会分别保存这份报告。此外，各部门单位的预算绩效会被计入其年度考核结果中，以确保预算执行和绩效达成之间的紧密关联。这种系统化的管理方式有助于提升整个高校的财务透明度和绩效效益。审计部门应对预算的执行与监督情况进行评估，核实国库资金执行情况统计表的准确性和及时性，确保预算的有效执行。同时，审计部门还需要评估年终财务结算工作的准确性和及时性，确保财务数据的真实性和合规性，对预算绩效管理情况进行评

① 其主要工作内容包括：完成银行账户对账、往来资金的清理；完成财政拨款收入、国库对账；组织上缴各项收入；清理核销各类票据；完成国资管理相关的财务处理工作；完成基建账务的并账；敦促预算执行。

估，关注自评报告的完整性和准确性，确保绩效评价的客观性和公正性。

H 高校坚持“统筹兼顾、保证重点、量入为出、收支平衡”的原则进行预算编制，该预算是学校进行各项财务活动的前提和依据，在一定程度上会对内部控制的水平产生影响。通过对 H 高校近 5 年来的年度预算执行差异率的均值进行分析，可以得到 2016～2020 年近 5 年的预算差异率大致为 38%，计算结果如表 7－3 所示。该差异率较大，说明前期预算编制与执行时与决算数有较大的差距，各个业务部门领导应该及时分析调查。

表 7－3　　2016～2020 年 H 高校预算差异率

年份	预算	决算	差额	差异率
2016	96903. 52	137242. 09	40338. 57	0. 4162
2017	106998. 03	140720. 71	33722. 68	0. 3151
2018	108773. 52	159927. 62	51154. 1	0. 4702
2019	129111. 74	190076. 46	60964. 72	0. 4721
2020	144437. 38	178787. 64	34350. 26	0. 2378

数据来源：H 高校预决算报告。

（2）收支业务流程。

审计重点：对财政拨款收入、科研项目拨款收入、印章使用与管理进行评估。

在经费收支管理制度方面，H 高校收费主要包括行政事业性收费（学费、住宿费、考试费）、服务性收费和代收费，严格执行“收支两条线”，按照规定及时足额上缴学校，并纳入学校财务统一管理。每个业务部门在收费时应以书面方式报告给财务处审核，不能在未审批的情况下自行收取任何费用，对于收费票据严格按照程序填写“H 大学领用票据申请书”→财务处审核过的票据种类→存到财务处指定账户→核销手续流程来执行“一票一事一清”办法。对于支出制度，H 高校专门建立了财政科研项目经费、差旅费以及会议费等报销管理办法，按照层层逐级审批的原则来规范财政资金的使用。

①财政补助收入。H 高校定期会收到政府部门划拨的财政补助，这些划拨在相关政府部门发出通知后进行。一旦财政补助款项到账，财务处的资金管理科会在收到银行回单后，将这些回单转交给会计科进行账务处理。这个流程确保了财政补助款项得到准确记录和适当的账务管理，以确保高校资金的透明度和准确性。

②科研项目收入。H 高校为了规范科研经费管理，制定了《科研经费管理办法》，尽管已经有详细的科研经费申请和管理流程，但对学校科研经费结余的处理还需要进一步规范。科研人员在申请与管理科研经费时，需要遵循一系列严格的流程。项目申请阶段：科研人员编写项目申请书等信息，经过科学研究院项目管理员的初审，报校长办公室综合科盖章。项目审核和立项阶段：申请书通过初审后，提交给出资方审核，出资方出具资助项目计划书，项目负责人、科学研究院、财务处、校长办公室综合科进行审核，并加盖公章，验证通过后，学校组织签订科研合同。项目完成和结题阶段：项目完成后，项目负责人提请财务处专项资金管理科进行财务验收，项目负责人填写《项目验收申请表》并得到部门领导签字；财务处编制《项目经费决算表》，经项目负责人和财务处领导审批；验收申请通过后，项目负责人总结并提交相关验收材料，申请结题。项目结题审核阶段：结题申请经过科学研究院项目管理员和出资方初审，学校组织验收专家组进行审议，形成验收意见和结果，报验收专家组确认并签字。此外，针对有特殊贡献的团队，H 高校设立了科研成果奖励基金，其项目和金额由科研院审核，列明在发放工资时。总之，H 高校通过制定详细的流程和规范，对财政补助收入和科研项目收入的管理进行严格控制，确保资金使用合理透明，同时也为科研人员提供了明确的操作指引。

③印章管理。在 H 高校财务处，财务专用章由资金管理科科长保管，而财务处处长名章则由财务处处长负责保管，当经办人需要使用印章时，必须按照规定向相应的印章保管者报告用印文件，经过保管者的审核后方可进行盖章。这样的措施有效地确保了印章的安全管理和使用的合规性。

（3）政府采购业务流程。

审计重点：对供应商选择与评估、行政办公类采购管理进行评估。

在H高校的政府采购制度中，采购按照采购标的种类分为物资设备的采购、基建工程的采购、货物的采购等，H高校对每一种标的都制定了实施细则和管理办法。采购也分为集中采购和分散采购两种方式，分散采购是学校各职能部门按照需求采购，对于集中采购首先先明确收取采购计划，在1~2天进行采购计划的准备，期间采购小组需要明确招标采购方式；其次在高校内提交采购计划，报教育厅、财政厅采购办备案受理；再次根据招标公告投递招标文件；最后签订采购合同进行资金的支付。

①供应商选择与评估（见表7-4）。H高校在科研和食材采购方面采取了一系列严格的考核和验收措施，以确保供应商的综合表现符合学校的标准和要求，同时保障采购过程的合规性和食材质量安全。在科研方面，科学研究院实验室与平台处会根据《采购信息系统供应商考核体系》，对协议供应商进行年度考核，评估其服务质量、交货准时性、售后支持等方面的综合表现，确保了供应商的综合水平达到学校的要求。对于多次供货不良的情况，供应商可能会失去重新招标的资格，以防止不良供应商再次合作。在食材采购方面，饮食服务中心实施详细的食材验收措施。他们会编制《伙食、原材料采购验收记录表》，详细记录采购的食材信息，并要求食材使用人和供应商签字确认，这个记录表确保了采购的食材符合质量标准，并得到供应商的确认。对于多次出现供货不良的情况，不良供应商将失去再次合作的机会，并会从数据库中删除。这些考核和验收措施使H高校能够及时发现供应商问题，进行评估和处理，从而保障采购过程的合规性和食材采购的质量安全。这种管理方式确保了学校资源的合理利用，维护了食品安全和科研质量的高标准。

表 7－4　　H 高校供应商选择

物资/采购金额		供应商选择
化学试剂、实验材料	小于 20 万元	协议供货方式
	20 万～50 万元	招投标办公室公开招标
	大于 50 万元	政府采购方式
食堂食材		从协议供应商数据库选取，协议期一般为半年
服务类项目		类比资产类供应商选择

②行政办公类采购管理（见表 7－5）。

表 7－5　　H 高校行政办公类采购管理

采购流程	类别	管理办法
采购申请与审批	政府集中采购	由申请人填写申购表，报使用单位负责人、招投标办公室或资产管理与后勤保障处设备科审核，签字后上报国家采购中心集中采购
	非政府集中采购	对于低于 20 万元的试剂、材料采购，由申请人申请，经审批后直接供货；对于不低于 20 万元的试剂、材料采购，则审批后招标采购；教材购买申报审批后由招标办公开招标采购；食堂食材采购填写申购表后经饮食服务中心审核，供应商直接供货
采购方式选择	政府公开招标	对于大于 50 万元的采购，招投标办公室选取代理商委托招标采购
	自行/委托招标	对于 20 万～50 万元的化学试剂、实验材料采购或者 5 万～50 万元的资产采购，由招投标办公室选择自行或者委托招标采购
	单一来源采购	由使用单位、招投标办公室及纪委办公室组成谈判小组，小组与供应商谈判并填写《谈判记录表》，报供应商负责人签字复核后，谈判小组成员签字确认
	询价采购	对于低于 5 万元的资产采购用此方法

（4）资产控制业务流程。

审计重点：对资产购置、清查和盘点、处置和转移进行评估。

目前 H 高校试行“统一领导、归口管理、分级负责、责任到人”的管理体制，采用“学校、资产归口管理部门、资产使用部门”的分级管理方式，国有资产管理领导小组挂靠在后勤与资产管理处（即资后处），该管理处负责承担各类资产的综合管理，对国有资产实行动态管理，各归口管理部门按照资产分类进行配置、使用、调剂、报废等，推动“谁使用，谁管理”全员管理理念的功能。H 高校也相应地制定了资产、调剂、报废等管理办法，实现资产管理责任的全覆盖。

①资产购置（见表 7 –6）。

表 7 –6　H 高校资产购置管理

流程	类别	管理办法
采购申请与审批	办公设备、家具	经费来源于校办行政经费：向校长办公室和资产管理与后勤保障处提交申请审批；经费来源为其他行政经费支出：向资产管理与后勤保障处提交审批；经费来源为教学经费且小于等于 5 万元：向资产管理与后勤保障处提交申请审批；经费来源为教学经费且大于 5 万元：向教务处和资产管理与后勤保障处提交申请审批
	教学、科研仪器	小于 1 万元的直接向供应商购买；大于等于 1 万元且小于 5 万元的，填写询价表或项目购置申报表，经审核后购买；大于 10 万元的，填写可行性论证报告；低于 40 万元的由需求部门组织专家和主管人员论证；大于 40 万元的，组织专家和主管人员论证，填写论证结论和报告，论证小组签字后报部门负责人、科学研究院实验室与平台处和分管副校长审核
采购方式	询价采购	小于 1 万元的，设备科选择四至五家询价招标，获取供应商报价单，编制设备购置邀请招标记录表；1 万元至 5 万元的，设备科选择四至五家询价招标，发送招标邀请书并获取报价单，编制招标记录表，报招标采购小组签字确认
	招标采购	资产金额在 5 万～50 万元的，自行招标时，经办人向招投标办公室提出申请，招投标办公室通过政府采购网和 H 高校信息网发布；委托招标时，由代理商代办
	政府采购	资产金额应大于等于 50 万元
合同签订		经办人与供应商在申请审批后签订采购协议，具体签订与审批要求参照合同控制
资产验收		设备到货后，设备使用人和资产管理人共同验收并取得送货单，验收后，设备使用人填写验收单报资后处设备科审核。对于不小于 10 万元的贵重设备，需开箱检验
资产登记建账		使用单位收到发票后，填写报账申请，连同相关材料提交资后处设备科审核。审核通过后，根据金额大小不同，再报相关领导审核确认。最后，经办人携带发票、送货单和采购合同到资后处设备科办理建账手续

②资产清查和盘点。H高校在资产管理方面进行了资产清查和资产盘点工作，采取了多种方式进行审核和抽查。其具体措施如下：第一，资产清查工作。不定期进行资产清查工作，资产管理科发布《资产清查工作通知》并报资产管理与后勤保障处和校长办公室审核。第二，资产盘点工作。每年定期进行资产盘点工作，资产管理与后勤保障处编制《资产盘点方案》并报资产管理与后勤保障处和校长办公室审核，校长办公室发布了《资产盘点工作通知》，要求各资产使用单位进行自查。在这个过程中，资产使用处负责实际的资产盘点工作，同时各部门单位的资产管理人会进行监盘，确保盘点的准确性和透明度。一旦盘点工作完成，盘点人将会编制《H高校资产盘点表》和《资产盘点工作报告》。这些文件将详细记录盘点的资产情况和结果，确保资产的准确性和完整性，最终所有参与盘点的人员会在文件上签字确认，以确保盘点工作的可靠性和合规性。第三，抽查复核。资产管理科组织抽查小组进行抽查复核工作，该小组由审计处、国有资产管理委员会及相关职能部门的领导组成，抽查小组编制《仪器设备抽查表》，对部分资产进行抽查核实，以确保资产盘点结果的准确性和可靠性。通过上述措施，H高校能够及时发现并解决资产管理方面的问题，保障学校资产的安全和有效管理。

③资产处置和转移（见表7-7）。

表7-7　H高校资产处置和转移

处置方式	具体管理办法
报废处置	对于大于等于10万元且小于500万元的资产，须填写大型仪器贵重精密仪器设备报废、报损类技术鉴定表，报资后处组织专家鉴定，专家签字确认后报资后处资产管理科、资后处领导审核，并报教育部和财政部备案；大于等于500万元且小于800万元，报学校国有资产管理委员会、校长办公室和教育部审核，并报财政部备案；大于等于800万元，报学校国有资产管理委员会、校长办公室、教育部和财政部审核，并在财政部备案
调拨	由使用人填写《资产调拨申请》，报资产调出单位、资产调入单位及资后处审核确认
出租/出借	由经办人提出申请，报资产管理员、负责人审核，通过后，经办人报校长办公室，资产招租时，由资产经营公司编制招租通告，在H高校信息网发布公开招租，资产经营公司审核应租人信息，确定招租人

续表

处置方式	具体管理办法
公房调配/申请	由经办人填写行政请示处理单，报部门单位领导、校长办公室、分管副校长及资后处确认，确认后报资后处房产科拟定房号，资后处确认，报公房管理工作领导小组集体审议形成会议记录，通过后，将最终结果送至申请人，对相关文档归档保存
对外投资	由资产经营公司科技发展部人员与合作商洽谈，拟定组建方案，提交资产经营公司董事会讨论，形成决议，之后，由资产管理委员会和校长办公室审核签字，经资产评估公司估值，上报教育部备案

（5）建设项目控制流程。

审计重点：对工程规划管理、工程审计管理、工程进度管理进行评估。

H 高校针对建设工程项目建立了设计阶段、招投标阶段、施工阶段和竣工结算阶段的过程说明，前期工作中的项目建议书和可行性研究报告都为后续工作留痕，其中制定了对建筑工程项目执行全过程跟踪审计的办法，还有基建项目立项流程图都对加强工程项目投资管理，合理控制工程造价，提高建设资金的使用效益。

①工程规划管理。向校长办公会提交新建项目计划，并形成《H 高校校长办公会会议纪要》。其流程可以总结如下：第一，提交新建项目计划：校区发展与基本建设处根据发展规划；第二，项目审批：校长办公会审批通过后，编制《项目建议书》并报教育部审批，一旦审批通过，项目进入下一阶段；第三，可行性分析：校区发展与基本建设处进行可行性分析，包括技术、经济和工程上的合理性，在此阶段，编制《可行性研究报告》；第四，审核和报批：《可行性研究报告》需要由项目使用部门和发展规划与学科建设处审核后，再次报教育部审批；第五，修缮项目的流程：当需要进行修缮项目时，涉及的部门包括项目使用部门、后勤集团、资产管理与后勤保障处以及预算代理公司，这些部门将进行现场勘察，确定修缮的必要情况，并填写《工程立项审批单》；第六，审批阶段：如果修缮项目的费用在 3 万元以下，将报使用部门和资产管理与后勤保障处领导审批，而如果费用在 3 万元以上，则

还需要校分管领导审批。整个工程规划管理流程主要涵盖了项目提出、审批、可行性分析以及修缮项目的审批等关键步骤，以确保校园发展项目的顺利实施。

②工程审计管理。对于建设项目招标，H高校制定了《基建工程招投标管理办法》，以明确规范招投标流程。以下是相关的流程步骤：第一，提出招标申请：项目单位向招投标办公室提交招标申请，并同时报送财务处和招投标办公室进行审批；第二，审批招标申请：经过财务处和招投标办公室审批通过后，进入下一阶段；第三，确定招标方式：由资产管理与后勤保障处、财务处、纪委办公室、科研院、招投标办公室和基建处组成招投标小组，确定具体的招标方式；第四，工程设计变更：如有必要对工程设计进行变更，施工单位填写相应的变更审批单，包括《维修项目变更审批单》和《基本建设工程项目变更审批单》，不同预算涉及不同领导层级的后续审批；第五，现场施工未计划项目：如果在施工现场出现未计划的项目，需要填写《工程现场签证单》，相关监理单位、校区发展与基本建设工程管理科以及审计处进行现场审核，并向项目负责人报批。

③工程进度管理。每周，工程项目的相关参与人员包括项目负责人、审计处、设计单位以及校区发展与基本建设处，都需要参加工程例会，并撰写《第××次工地例会会议纪要》。如果工程出现延期，由施工负责人填写《工期顺延申请》，并提交给项目负责人、监理单位以及校领导审批。当需要支付工程进度款时，施工单位按合同要求填写《工程款支付申请书》，连同相关证明材料一并报送给项目负责人及审计处进行审批，审批通过后，项目负责人填写《报销申请单》和《大额资金付款会签表》，并按照《大额资金使用管理办法》的规定，向不同权限负责人进行审批工作。

（6）合同控制流程。

审计重点：对合同的制定与签订、争议管理、档案管理进行评估。

学校合同管理实行统一指导监督、分类归口管理的基本管理，按照合同拟签订、审核与审批、合同签订与用印、履行变更终止和删除、备案与归档的流程对合同的可行性、必要性分析论证、当事人资信审查来对合同的真实性和合法性进行审核，其中合同经过审核需要修改的，承办部门应该送相关部门复查通过方可使用。

①合同制定与签订。为规范合同控制流程，H 高校制定了《基本建设工程合同管理办法》，以规范基建及维修合同的审查和签订。此外，还颁布了《经济合同专用章盖章流程》，用于规范经济合同专用章的使用流程。在合同签订的过程中，由经办单位负责起草合同文本，并编制《合同审核表》，提交给经办单位、纪委办公室以及财务处进行审核。一经审核通过后，再提交给合同归口管理部门进行最终审核和确认，并登记《合同专用章用章记录表》，若需要出具法人授权委托书，则由经办人编制《法人授权委托申请》，并提交给单位、纪委办公室以及分管校长进行审核，审核通过后，校长办公室将开具《授权委托书》，并在上面盖上法人章。

②合同争议管理。每年，合同经办单位需要对合同的履行情况进行检查，并将检查结果记录在相应的表格中。如果在合同履行过程中出现争议，经办人将会编制争议处理申请表，提交给经办单位和校长办公室进行审核。一旦审核通过，纪委办公室会组织双方进行谈判，试图达成一致意见。如果双方达成共识，这个共识会提交给校领导批准；如果无法达成一致意见，进一步的解决措施将会被采取。这可能包括仲裁或诉讼等方式，最终处理结论将会报告给合同归口管理部门备案，以保障合同争议的透明处理和合规性。这种流程确保了合同的履行和争议解决都能够按照严格的规范进行，维护了学校合同管理的规范性和可靠性。

③合同档案管理。在合同签订后，责任单位需要将合同信息报备并登记到合同归口管理部门，以确保合同台账的准确性。如果其他单位需要查阅合同，这些单位需要填写合同借阅申请表，并获得本单位领导的批准，然后提交给合同归口管理部门进行审核。一旦审核通过，经办人会签字确认，完成合同借阅手续。通过这种流程，H 高校能够有效管理合同，保障合同信息的可靠性，同时也确保了借阅合同的透明性和合规性。

7.2.5　H 高校内部控制审计流程

H 高校审计处开展学校内部控制审计工作可划分为计划准备、实施、终结三个环节。

（1）计划准备环节。

本环节包括编制审计方案、组成审计小组、拟订并报批审计项目工作计划和发出审计通知书等内容。H 高校审计处根据年度审计工作计划和学校工作要求，确认开展内部控制审计项目并编制审计方案，安排适当的审计人员，组成审计小组，指定审计小组负责人（项目主审）；审计处也可根据实际需要委托社会中介机构实施审计项目，审计小组根据具体审计目的，结合事前所掌握的情况与资料，确定包括审计重点、工作进度和成员分工、采用的审计方法等的审计方案，并报学校批准，根据审计项目计划，在对预定项目实施审计前，应当向被审计单位发出审计通知书。

（2）实施环节。

本环节主要是收集证据和编制工作底稿，运用专业审计方法，充分收集被审计单位内部控制设计和运行是否有效的证据，对审计证据进行分析、鉴定，研究证据相关性、重要性、可靠性，将结果记录于工作底稿，并主要运用层次分析法开展内部控制设计和运行有效性审计。

（3）终结环节。

本环节内容包括汇总整理工作底稿，认定控制缺陷，编写审计报告征询意见稿，征询相关意见后定稿并签发审计报告，随后进行后续审计和跟踪工作，最终将审计成果应用于实际情况。H 高校的内部控制审计流程具体如图 7－3 所示。

结合内部控制业务办理流程图绘制的基本原理，将业务办理时间顺序作为纵轴，将具体的岗位设置及职责作为横轴，构建 H 高校审计处开展内部控制审计工作流程，如表 7－8 所示。

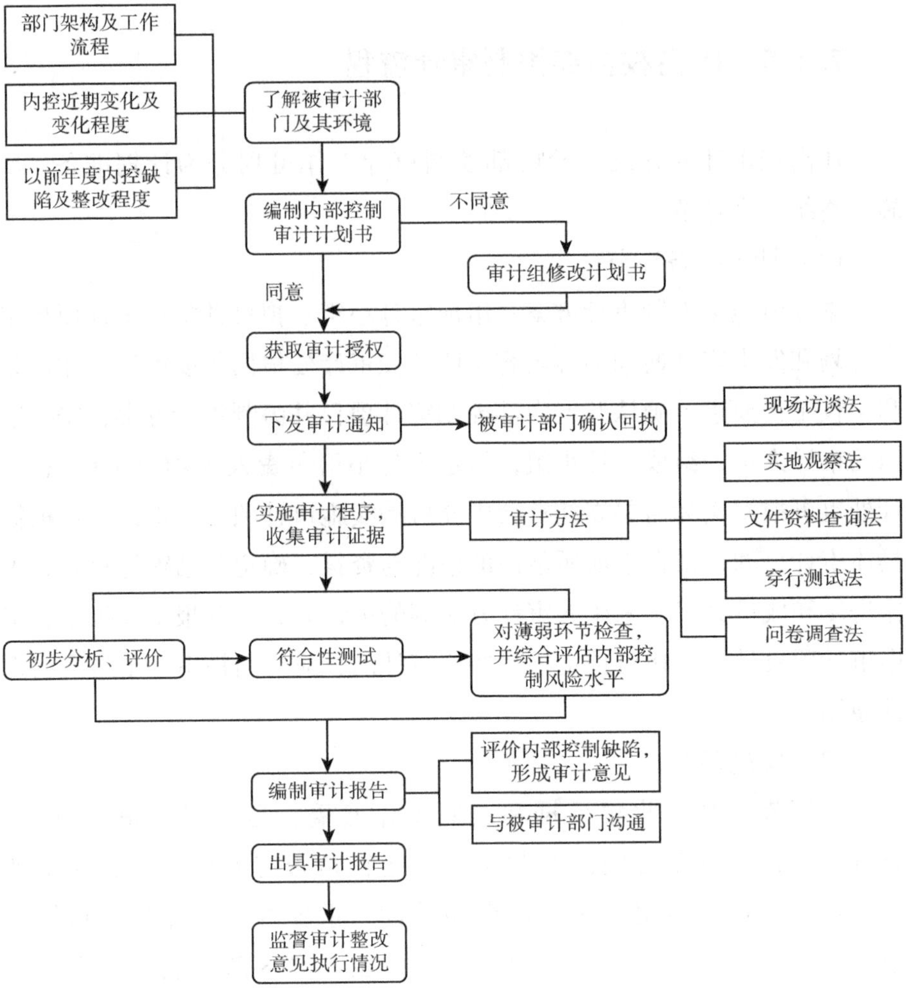

图7－3　H高校内部控制审计工作流程

表7－8　业务（内部控制审计）流程梳理表

业务环节	业务流程	流程节点业务说明	岗位设置	岗位职责
计划准备环节	成立内审小组	指派内审小组人员，确定主审	内审部门负责人	审核审计方案、审计计划；指派小组成员，确定主审
	制订审计方案、审计工作计划	形成审计方案与计划，并经内审部门负责人审批	内审小组主审	制订审计方案、审计计划
	审计通知	发送审计通知	内审小组主审	发送审计通知

续表

业务环节	业务流程	流程节点业务说明	岗位设置	岗位职责
实施环节	审计资料准备	被审计单位准备审计资料	被审计单位	按审计通知要求准备并提供审计资料
	现场审计	开展现场审计并编制工作底稿	内审小组	按内部审计准则等制度开展内控审计、编制工作底稿
	现场沟通反馈	现场审计结束前与被审计单位就初步审计结果现场沟通		向被审计单位现场沟通反馈初步审计结果
终结环节	审核工作底稿	主审审核工作底稿，汇总审计结果	内审小组主审	审核工作底稿，汇总审计结果
	编制审计报告征询意见稿	主审编制审计报告征询意见稿并提交审计部门负责人审核	内审小组主审	编写审计报告征询意见稿
			内审部门负责人	审核审计报告征询意见稿
	征询审计意见并修订	被审计单位就审计报告征询意见稿进行回复，审计部门根据反馈情况确定是否需要修订审计报告	被审计部门	就审计报告征询意见稿进行反馈回复
			内审小组主审	根据反馈情况修改审计报告
			内审部门负责人	审核审计报告
	审计报告审批、签发	内审部门签发审计报告并报送相关部门	单位领导	审批审计报告
			内审部门负责人	签发审计报告并报送相关部门
	整改追踪	被审计部门形成整改计划，内审部门跟踪被测试部门整改情况	内审小组主审	跟踪被测试部门整改完成情况

7.3　制订审计计划和审计方案

2016 年初，H 高校审计处根据上级主管部门和高校的委托，制订了当年的审计工作计划，这个计划着重关注了财务收支审计、预算执行和决算审计以及基建工程审计，由于H高校近年来的扩建和师生规模的不断增大，资金来源也在逐步扩展，这使得学校的可用资金和资金利用风险逐渐增大。H高校的财务处负责学校财务管理工作，是唯一的一级财务机构，负责管理全校的财务工作，统一组织和管理学院的经济活动，并直接受校长的领导。为了预测和评估高校内部各部门的管理风险，并在综合考虑的基础上做出决策，H高校内部审计部门除了按照当年的审计工作计划开展审计项目外，还选择了财务处处长作为审计对象，因为其风险相对较高，审计部门对财务处处长进行了经济责任审计，并将审计项目提交给校领导进行批准。这种审计工作方式能够帮助学校全面了解内部风险，强化财务管理和资金利用的监控，以确保高校的资金使用合规且有效，通过审计工作，学校可以识别问题，及时采取措施来解决风险，从而维护学校的财务稳定和发展。

在进入审计现场之前，高校内部审计小组进行了充分的审前调查工作，通过召开座谈会、查阅档案、收集资料等多种方式，审计小组全面了解了财务处的情况，包括目标、任务、工作流程、内部控制制度，以及财务处处长在任期内的职责和履职情况等基本情况。这种审前调查有助于为后续的审计工作提供必要的背景信息，帮助审计小组更好地了解审计对象的运作和管理情况。通过收集各种数据和资料，审计小组可以全面掌握财务处的运作方式、流程，以及负责人的履职情况。这使得审计小组在进入实际审计现场后能够更有针对性地开展工作，准确评估风险，识别问题，提出改进意见，从而提升内部控制和管理水平。

所有这些信息都被仔细记录在财务处基本情况表和处长任期内职责及履职情况表等文件中，这些调查工作的目的在于确保审计小组进入审计现场时能够有针对性地开展审计工作。通过深入了解财务处的运作和财务处处长的职责履行情况，审计小组能够更全面地评估潜在的风险点，找出可能存在的问题，并确保审计工作的高效性和准确性。审计小组的积极调查准备工作为审计现场的顺利展开奠定了坚实基础。接下来，他们将深入财务处进行实地审计，发现并记录所有重要的审计问题，最终编制出准确、客观的审计报告，为高校财务管理的改进和提升提供有力依据。这样的审计工作有助于提高高校财务管理的透明度和规范性，推动高校持续健康发展，主要信息如表 7－9 所示。

表 7－9　　审前调查内容

调查内容	具体信息
财务处的主要任务	学院在财务管理方面的多项举措和努力，以提高综合管理水平和增强服务功能，同时为学院的改革与发展提供支持和保障，学院充分利用资源，有助于提高学院的管理水平和运作效率，以及更好地支持学院的发展目标
财务处的工作流程	每个类别都有明确的工作流程和具体业务事项，这有助于确保各项业务能够高效顺利地完成，同时，建立制度和规章，明确工作流程、责任人和权限，能够进一步确保工作的规范性和一致性。这种分门别类、规范化的管理方式将有助于学院更好地管理各类业务，提高综合管理水平，为学院的发展提供坚实的基础，提高工作效率、降低风险，并确保资金的合理使用和管理
财务处内部控制制度	学院在货币资金监控、会计核算管理、工资、助学金和奖学金核算管理、内部核算监督以及会计档案管理等方面进行了非常详细的规定，这些规定能够确保学院的财务管理在各个方面都有严格的标准和流程，以保障资金的合规使用、财务信息的准确性和安全性，以及人员的权益和资源的合理利用。货币资金监控的严格制度确保资金的流向清晰，预算执行情况得到分析，这有助于保证资金的合理使用和风险控制，会计核算管理的规范制度能够确保各项财务交易得到准确记录和分类，保障财务报表的真实性和完整性，这是透明度和决策的重要基础。工资、助学金和奖学金核算管理的规范流程确保了资金按时足额发放，并保障核算和记录的准确性，体现了对人员权益的关心和尊重，内部核算监督机制的建立有助于审查经费使用，确保经费使用符合规定并达到预期效益，提高了资源的合理配置和利用效率，会计档案管理的规范制度确保了会计信息的完整性、追溯性和安全性，为日后的审计和决策提供了有力支持，通过这些规定，学院能够更好地管理财务和资金，提高财务信息的准确性和可靠性，同时保障人员权益，优化资源配置，维护学院的稳健发展和综合管理水平

续表

调查内容	具体信息
财务处处长的主要职责	高校财务处处长作为财务管理的核心责任人，承担着多项重要职责，以确保学校财务运作的合规性、透明性和高效性，以下是一些典型的高校财务处处长的职责：财务管理策略制定：制定学校的财务管理政策、规章制度和流程，确保财务活动符合法律法规和内部规定，同时能够支持学校的发展目标；预算编制和执行：负责学校的年度预算编制，确保预算合理、精确，并在执行过程中进行监控和调整，以确保资金的合理使用；资金筹措和管理：负责合理筹措资金，管理学校的货币资金，确保资金的流动性和安全性；财务会计核算：组织和监督财务会计核算工作，保障财务数据的准确、完整和及时记录，以生成可靠的财务报表；资产管理：监督学校资产的购置、使用、处置，确保资产的合理配置和保值增值；内部控制和风险管理：建立健全的内部控制制度，识别、评估和管理潜在的财务风险，确保学校财务活动的合规性和风险可控；财务分析和报告：对财务数据进行分析，向学校领导提供财务报告和分析意见，帮助决策和规划；财务信息披露：确保学校财务信息的透明性，按照法律法规要求和学校内部规定，向内外部提供财务信息；与审计机构沟通协调：协助与外部审计机构合作，提供相关财务数据和信息，以支持审计工作；财务人员培训和管理：领导和管理财务团队，进行人员培训和绩效管理，确保团队的高效运作；协调内外部合作：与学校其他部门、政府机构、金融机构等进行合作，以支持学校财务活动的顺利开展，这些职责的履行将有助于保障学校财务的健康发展，为学校的各项活动提供坚实的财务支持和保障
财务处处长职责履行情况	财务处处长在履行职责方面表现出色，强化内部监督和考核，确保规定得到严格遵守，维护了学院财务的稳健运行，同时，他在预算和决算工作中的积极参与，保证财务预算合理、决算准确，为学院的决策提供了可靠的财务依据，他还展现了良好的资源整合能力，积极争取和筹集各项建设资金。与各部门合作，寻找更多的资金来源，为学院的发展提供了有力的财务支持，这种积极主动的态度有助于学院的各项项目和计划的顺利进行。总体来看，财务处处长通过规章制度建设、严格管理、财务预算和决算工作，以及资源整合能力的展示，为学院的财务管理和发展做出了重要的贡献，他的工作体现了财务管理的专业性和领导能力，为学院的稳健发展提供了有力支持

在审前调查的基础上，依据重要性和谨慎性原则，审计组制定了详细而有针对性的审计方案。在对审计项目风险评估的基础上，根据审计目标明确了审计的范围、内容以及程序。审计实施方案确定的内容有：编制的依据、H 高校财务处基本情况、审计目标、审计的范围以及内容和重点、审计要求、审计方式、预定审计期间、审计小组负责人和成员及各自职责、编制的日期及其他有关内容。具体来说，审计实施方案确

定的内容包括：①编制的依据。阐述审计方案的制定依据，包括上级主管部门和高校委托的审计工作计划等，确保审计工作具有合法性和合规性。②H高校财务处基本情况。对财务处的基本情况进行概述，包括负责人、职责范围和组织架构等，以便审计组全面了解财务处的运作和管理情况。③审计目标。明确审计的目标和目的，即对H高校财务处的财务管理和资金使用情况进行审计，为发现潜在问题和提供改进建议做好准备。④审计范围和内容。详细说明审计的范围，包括财务收支审计、预算执行和决算审计、基建工程审计等方面的内容，并强调审计的重点和关注点，确保审计重点与学校实际情况相符。⑤审计要求。对审计过程中的要求进行明确，包括审计程序、数据收集、证据保全等要求，确保审计工作的规范性和准确性。⑥审计方式。说明审计将采用的方法和技术，包括数据采集、文件审查、实地调查等，以保障审计工作的科学性和综合性。⑦预定审计时间。确定审计的具体时间范围，确保审计工作的及时性和高效性，使审计过程紧密结合学校的财务活动。⑧审计小组负责人和成员及各自职责。明确审计小组的组成人员，包括负责人和其他成员，并描述各自的职责和任务分工，以确保团队协作和工作效率。⑨编制的日期及其他相关内容。注明审计方案的编制日期，以及其他与审计工作相关的补充信息，方便跟踪和管理审计进展。通过制订详细而有针对性的审计方案，审计组能够有序、高效地开展审计工作，全面了解学校财务状况，发现潜在问题，并提供有针对性的改进建议，为学校的财务管理和发展提供重要支持，具体内容如表7-10所示。

表7-10　审计实施方案表（部分）

审计目标	在财务处处长担任职务期间，审计组对他履行职责的情况进行了详尽的审查和评估，旨在确保财务管理的透明度和合规性，通过对财务记录、经济交易和支出情况的审计，审计组对财务处处长的职责履行进行了客观的鉴定。审计组的工作着重于验证财务处长在财务管理方面是否遵守相关法规、制度和政策，并评估其所采取的财务决策对学校和财务处的影响，通过这样的鉴证和评估，审计组可以为学校的财务管理提供重要的参考意见，发现潜在问题并提出改进建议，以保障学校财务的稳健运行和可持续发展。审计组的工作对于确保财务收支及经济活动的合法性、透明性和效益性具有重要的意义，为学校的管理决策和发展提供了有力支持

续表

审计范围及内容	审计的范围和内容通常会因不同情况而异，但一般包括以下几个方面：财务核算审计：审计组会对学校的财务报表、会计凭证等进行核查，确保财务数据的准确性、完整性和真实性，验证资金的流向和使用情况；预算和决算审计：审计组会审查学校的年度预算编制和执行情况，确保预算的合理性和有效性，同时核对年度决算报告，保障财务信息的真实反映；资产管理审计：审计组会审查学校的固定资产、流动资产等管理情况，核实资产的购置、使用和处置情况，确保资产的合规管理和保值增值；内部控制审计：审计组会审查学校内部控制制度的建立和执行情况，评估内部控制的有效性，以保障财务活动的合规性和风险可控性；专项资金审计：如果学校有涉及专项资金的使用，审计组会核查专项资金的专款专用、专项核算情况，确保专项资金的合规使用；经济责任审计：审计组会对学校领导层责任履行情况进行审查，确保职责的合规执行；财务活动合规审计：审计组会核查学校的财务活动是否遵守国家政策、法律法规和学校内部财务制度，防范和纠正不合规行为；重大经济决策审计：审计组会审查学校的重大经济决策的程序和依据，以确保决策的合规性和决策失误的风险防范；资金管理审计：审计组会审查学校资金的筹措、使用和管理情况，确保资金的合规流转和安全管理；廉政审计：审计组会审查学校领导层和财务管理人员的廉政情况，防范腐败风险，保障财务管理的廉洁性。审计的范围和内容会根据学校的具体情况和审计目的而有所不同，但总体目标是通过评估各个方面的情况，确保学校的财务管理合规、透明和高效
审计重点	审计的重点涵盖了财务管理的各个关键方面，确保财务活动的合规性、准确性和效率性，预算管理、专项资金管理、收入和支出管理、投资活动管理、重大经济决策效果以及会计核算与监督管理等方面都是财务管理中的重要环节，审计组关注这些方面能够及时发现问题、弥补漏洞，确保学校财务管理的稳健和可靠，同时，审计的结果和建议也可以为学校提供改进和优化的方向，促进财务管理的不断提升
……	……

7.4 开展内部控制审计工作

7.4.1 初步调查

审计组进驻财务处后，通过研究以往的审计工作底稿和各类文件资料，进行细致的考察、现场调查以及分析性程序等方式，我们进行了最为详尽和深入的资料收集工作。审计团队运用查阅相关的内部控制资料、制定内部控制制度调查表和问卷、与有关人员沟通，以及审查内部控制活动所产生的文件和记录等方法，进一步增进了我们对财务处内部控制制度的了解，包括其建立的时间和运行状况。同时，在现场调查中，内部审计人员通过更直接的方式，深入了解了财务处具体的工作流程。通过与法规制度的对比，我们初步洞察了财务处工作流程和内部控制的实际执行情况，以及其所扮演的角色。这些调查措施有助于发现各种潜在风险，进一步明确审计的重点，并对审计计划进行合理的调整。在这一基础上，我们可以更加深入地探索，以确保审计的全面准确性和可靠性。

7.4.2　内部控制测评

在本阶段，H 高校内部审计人员在对被审计对象进行风险评估后，会选择拟测试的内部控制进行测试和评价。通过这些初步测试，审计人员能够了解内部控制的有效性和运行情况，并基于这些初步结果，决定之后实施的实质性测试的性质、时间和范围。在初步测试中，审计人员会对内部控制的关键环节和风险较高的方面进行抽样测试，以确认其是否按照规定执行并达到预期的效果。根据初步测试的结果，审计人员会进一步确定需要重点关注的实质性测试内容，以确保审计工作的重点和有效性。通过这样的测试和评价过程，审计人员可以全面了解财务处的内部控制情况，识别潜在问题和风险，并为后续的实质性测试和审计工作提供指导和依据。这样的审计方法可以确保审计的全面性和准确性，为学校的财务管理提供重要的改进意见和建议。

（1）调查、了解内部控制。

在对财务处的内部控制进行调查时，内部审计人员采用多种方式进行了全面了解。第一，他们查阅财务处的内部控制资料，包括相关的制度文件、规章和操作流程等，以了解内部控制制度的设计情况；第二，内部审计人员对财务处相关人员进行询问，通过与他们的沟通交流，了解内部控制在日常业务处理中的运行情况和实际操作；第三，审计人员观察财务处的业务处理过程，实地了解内部控制在实际操作中的执行情况，以及是否符合规定；第四，审计人员检查内部控制产生的文件和记录，包括审批文件、报告、备查资料等，以核实内部控制的有效性和完整性；第五，内部审计人员还进行执行穿行测试，对财务处的内部控制措施进行了抽样测试，以确认其有效性和符合性。所有这些调查和测试结果都被详细记录在审计工作底稿中，为后续的审计工作提供了重要的数据和依据。通过这样的调查和了解，内部审计人员能够全面评估财务处的内部控制情况，发现潜在问题，并提出改进建议，以确保财务处的内部控制系统的健全和有效。

（2）初步评价内部控制，评估控制风险。

经过对财务处内部控制的充分了解和评估，审计人员初步将控制风险设定为中等水平。在所进行的评估结果中，我们明确了一些内部控制的薄弱环节，主要涉及预算管理、政府集中采购、投资活动管理以及专项资金管理等方面。在这些薄弱环节中，审计人员发现存在一定的风险，可能影响财务处的财务管理和资金使用效率。因此，审计组将重点关注这些方面，在后续的审计工作中对这些环节深入测试和评估，以进一步确认其风险程度，发现潜在问题，并提出相应的改进建议。通过这样的控制风险评估，审计人员能够有针对性地开展后续审计工作，确保审计的重点和效果，为财务处的内部控制健全和财务管理的改进提供有力的支持和指导。

（3）对内部控制实施符合性测试。

经过内部审计组进行的符合性测试，H 校的内部控制制度健全率达到了 90%，内部控制的实际有效率为 80%。这表明在整体上，学校的内部控制制度相对较健全，大部分控制措施都在实际操作中得到了有效执行。然而，在实施过程中仍存在一些不足，约有 20% 的内部控制措施没有完全发挥应有的效力。审计组将重点关注这些不足，并在后续审计中深入挖掘其原因，提供改进建议和措施，以进一步提高内部控制的有效性和全面性。尽管内部控制的有效率有提升的空间，但总体来说，学校在内部控制方面已经取得了较为显著的成绩。

（4）评价内控测试结果及其应用。

根据审计测试结果，审计人员判定学校的内部控制可信水平为高。这意味着学校的内部控制制度相对健全且在实际操作中得到了有效执行，有助于确保财务处的财务管理和资金使用的合规性和高效性。基于内部控制可信水平的高评价，审计组将在后续的实质性测试中确定具体的测试性质、时间、范围和重点，以进一步验证内部控制的有效性，并发现潜在的问题和风险。同时，审计组还将提出有针对性的建议，以完善财务处的内部控制制度，进一步提高其全面性和有效性。这样的评价和应用结果对学校的财务管理和内部控制健全意义重大，高水平的内部控制可信性证明学校在内部控制方面已经取得了显著进展，但仍有改进的空间。通过实质性测试和建议的提出，学校能够进一步优化内部控制，确保财务管理的规范性和透明性，为学校的发展提供坚实的财务保障。

7.4.3　实质性测试

基于内部控制测评的结果，审计人员确定了实质性测试的性质、时间、范围和重点。对于涉及内部控制薄弱环节的经济活动，审计团队将其作为审查的重点，对财务处提供的会计账簿、凭证、报表、规章制度等进行了全面审计。为确保审计的准确性和有效性，审计团队选择了充分的审计样本，并采取了适当有效的审计程序，以获得充分、适当的审计证据。同时，对于内部控制可信赖程度较高的业务处理，审计团队进行了适量的样本查证，并审阅了财务处处长提交的述职报告和其他相关资料。在审查财务处处长遵守廉政规定情况时，审计团队将特别关注财务收支中与廉政规定相关的事项，并在其中选择重要的业务活动进行审计。这些举措有助于确保审计工作的全面性、可靠性和准确性，为组织提供有价值的审计意见和建议。通过这样的实质性测试和审查，审计组能够全面了解财务处的内部控制情况，对薄弱环节进行有针对性的审计，确保发现潜在问题，并为提出改进建议和完善财务处的内部控制制度提供有力的依据。同时，审计组还对财务处处长的廉政规定遵守情况进行审查，以确保财务处的运作合规、透明和廉洁。

7.5 完成审计工作，出具内控审计报告

总体而言，学校层面的内部控制审计涵盖了多个方面，包括发展规划、治理结构、运行机制、人力资源以及校园文化等。而在经济业务层面，内部控制审计则主要关注预决算管理、资产管理、债务管理、收入管理、支出管理、合同管理、采购管理、工程项目管理、科研项目管理、所属法人单位管理以及信息化管理等相关的内部控制情况。这些审计工作旨在确保学校内部各个方面的合规性、高效性和透明度，以支持学校的稳健运营和可持续发展。在进行内部控制审计工作时，审计组需要记录详细的审计工作，整理出审计工作底稿，这些底稿将包含审计过程中的所有关键信息，包括审计的目标、范围、程序、发现的问题、验证的证据以及最终的审计结论和建议，审计工作底稿的整理对于审计报告的编制和审计结论的准确性至关重要。通过整理底稿，审计组可以清楚地展现审计工作的全貌和结果，确保审计结论的客观性和可信度。同时，底稿的整理也为后续审计工作提供了重要的参考和依据，有助于更好地跟踪和评估内部控制的改进情况。可参考的工作底稿如表 7 - 11 所示。

表 7 - 11　　H 高校内部控制审计工作底稿

学校名称：		控制测试工作底稿编号：CG - CT01	
业务流程：		测试期间：	
测试人：		复核人：	
测试日期：		复核日期：	
控制编号：	CG01 - CA01（例）		
控制描述：	学校建立了科学的供应商评估和准入制度，由供方评价小组负责对供应商进行调查和评审，该评价小组成员包括财务、采购员、需求部门负责人、实施部门负责人以及分管院长等，通过对供应商进行全面调查，认定合格供应商，并列入合格供应商名录，这一制度的实施旨在确保供应商选择过程的公正透明，有效保障学校采购活动的顺利开展		

续表

<table>
<tr><td>控制类别：</td><td colspan="2">手工控制</td></tr>
<tr><td>控制频率：</td><td colspan="2">不定期</td></tr>
<tr><td rowspan="5">样本抽取：</td><td>样本选取时间：</td><td>2020/1/1 ~ 2020/12/31</td></tr>
<tr><td>样本总体：</td><td>4</td></tr>
<tr><td>样本量：</td><td>2</td></tr>
<tr><td>抽样方式：</td><td>随机抽样</td></tr>
<tr><td>测试方法：</td><td>审阅与检查</td></tr>
<tr><td rowspan="3">测试程序：</td><td>步骤 1</td><td>获取测试期间合格供应商名录，确定测试期间新增合格供应商，根据抽样要求抽取相应的资质证明材料和会议纪要</td></tr>
<tr><td>步骤 2</td><td>检查是否存在相应的供应商资质证明材料且符合要求</td></tr>
<tr><td>步骤 3</td><td>检查会议纪要是否存在且经过 × × 会签</td></tr>
<tr><td rowspan="2">测试属性：</td><td>A</td><td>检查资质证明材料是否存在、完整且符合要求</td></tr>
<tr><td>B</td><td>检查会议纪要是否存在且经过 × × 会签</td></tr>
<tr><td>测试记录：</td><td colspan="2"></td></tr>
</table>

<table>
<tr><td rowspan="2">样本编号</td><td colspan="3">样本信息</td><td>测试步骤</td></tr>
<tr><td>供应商名称</td><td>证明材料</td><td>会议纪要</td><td>A</td></tr>
<tr><td>1</td><td>ABC</td><td>营业执照、信用评估报告</td><td>2020. 5. 20 – ABC 供应商评估</td><td>Y</td></tr>
<tr><td>2</td><td>DEF</td><td>营业执照、信用评估报告</td><td>2020. 8. 21 – DEF 供应商评估</td><td>Y</td></tr>
</table>

<table>
<tr><td rowspan="3">测试结果标记解释：</td><td>Y：</td><td>符合</td></tr>
<tr><td>N：</td><td>不符合</td></tr>
<tr><td>N/A：</td><td>不适用</td></tr>
<tr><td>测试结论：</td><td colspan="2">无异常发现/发现异常</td></tr>
</table>

7.5.1　审计发现和建议

经过全面审计，审计人员认定在财务处工作中主要存在的问题，如表 7 – 12 所示。

表 7 – 12　　审计查处问题列示表

主要问题	详细情况
①无预票支出 3682 万元	在 2010 年至 2011 年期间，该校的预算支出共计 36832 万元，其中包括以下项目支出：教学评估、购置教学设备和图书、校舍维修等支出总计 2374 万元；基建借款还本付息等支出 922 万元；以及煤、油涨价支出 386 万元
②违反政府集中采购规定购置教学设备 645 万元	在 2010 ~ 2011 年，H 高校购置教学设备的账面价值为 2832 万元，而根据教学设备招标合同，其金额应为 2187 万元。然而，违反政府集中采购规定，该校未执行政府集中采购，而是以 645 万元的资金进行了购置教学设备
③超计划投资 4254 万元	经审查，H 高校科技楼、食堂、图书馆三个工程项目在投资方面均存在超出计划的情况。具体而言，2010 年，经省发改委批准，该校计划新建学生食堂，建筑面积预计为 18000 平方米，工程概算为 3500 万元。然而，到 2011 年工程完工时，实际建筑面积扩大到 21017 平方米，超预算投资达 2128 万元，增加了 3017 平方米的建设规模。同样地，2008 年，该校计划新建图书馆，建筑面积预计为 25000 平方米，工程概算为 6000 万元。然而，到 2011 年工程完工时，实际建筑面积增加到 32658 平方米，超预算投资达 2248 万元，增加了 7658 平方米的建设规模
④固定资产应转未转 6025. 1 万元	2010 年已完工并交付使用的 4#教职工住宅楼金额为 2749. 8 万元，2011 年已完工并交付使用的 5#教职工住宅楼金额为 3275. 3 万元，合计 6025. 1 万元。然而，这些固定资产的移交手续未能及时办理
⑤应收未收学费、宿舍费 62. 4 万元	在 2010 年至 2011 年 9 月期间，该校共有 13427 名在校学员，应收学生学费和宿舍费总计为 12663. 8 万元，实际收取的金额为 12596. 4 万元，未收的金额为 62. 4 万元
⑥应缴未缴财政专户资金 28. 4 万元	在 2010 年至 2011 年期间，该校后勤集团共收取房屋出租收入 98 万元和承包费 74 万元，总计 172 万元。在这期间，他们缴纳了 13. 6 万元的税金，并将 130 万元上缴到财政专户中。然而，仍有 28. 4 万元的资金未能及时上缴财政专户，而是用于后勤管理支出
⑦应收款项 5 万元清理不及时	在 2004 年至 2010 年期间，该校招待所和校外单位形成了应收款项共计 5 万元。然而，由于经手人调离单位，单位领导多次调换，导致现在无法收回这笔款项

针对以上预算不准确、审核不严、账目不清、核算不及时等问题，内部审计人员提出以下处理建议：① 针对预算管理、集中采购和基建

工程投资方面的不规范现象，财务处应科学编制预算并加强财务管理。要严格遵守预算约束，杜绝和避免擅自超预算支出的问题再次出现。若确实需要增加资金预算，应按规定流程报经审批。同时，积极配合校管理层和相关部门严格执行我国基建项目管理相关规定，认真执行各项建设流程，杜绝任意扩大建设规模或提高建设标准的行为。工程招标过程也应做到法制化、规范化。②尽快将已完工、使用的 4#、5#教职工宿舍转入固定资产，同时提取相应折旧。③及时收取学生学费和宿舍费共计 62.4 万元，并相应入账。④补交财政专户资金 28.4 万元，并督促后勤管理部门对相应管理支出进行报销，不合理部分由相应负责人补齐。⑤及时清理应收账款死账 5 万元。

7.5.2　出具审计报告以及管理建议书

在预算管理方面，该处长坚守依法依规的原则，细致地编制学校年度财务预算计划，能够有效按照国家相关法规组织收入并严密监控支出。会计核算方面，他秉持《会计法》和相关法规，对经济业务事项进行严谨的合规会计核算，确保会计资料合法、完整，并基本真实地反映了高校的财务收支状况。与此同时，他极力推动专项资金的专款专用，并在专项核算上下足了功夫。在资金管理领域，他恪守法规，杜绝了乱出租、出借银行账户等不当行为，现金及各种票据的安全、合规管理水平也是可圈可点，筹资、融资活动都得到了妥善执行，没有出现账外账、私设“小金库”等风险。对于债务管理，他的方法较为清晰，为高校的债务管理保驾护航。在重大经济决策上，严格遵循规定程序，所做的决策也取得了良好效果，没有出现任何重大失误。在财务处及处长的工作中，该处长严守财经法规、财务制度及廉政规定，始终在廉洁自律的道路上前行。审计组在审计结果公示、与重点对象的深入谈话，以及听取广泛群众意见后，均未发现该处长在工作中存在违纪违法行为。所有这些方面的表现为该处长的工作和贡献提供了有力的证明。

对财务处处长任期内经济责任进行审计后，按照“依法、客观、真实”的评价基本原则，审计项目组采用经济责任审计评价方法和评价指标体系进行了评价。综合评定结果显示，该处长的综合得分为88.3分，评价结果为“良”。在其任职期间，该处长严谨地遵守国家财经法规和学校相关制度，逐步制定、完善和实施财务制度，不断改进内部控制体系。在经济管理职责方面，他依法依规履行，较好地完成了经济责任目标，有力地规范了校内的经济秩序。此外，他根据《会计法》和相关会计法规对有关经济业务事项进行了准确会计核算，使会计资料合法、完整，并基本真实地反映了高校财务收支状况。大部分专项资金都得到了专款专用，并进行了专项核算。他在资金管理方面遵循法规，没有出现乱设账户或私设“小金库”的不规范行为。在重大经济决策方面，他按照规定程序操作，取得了良好效果，没有出现重大失误。此外，财务处及处长严格遵守了财经法规、财务制度以及廉政规定，为整个审计结果提供了稳健的基础。

尽管获得了整体上的“良”评价，但也发现了一些不足之处。在财务管理和工作规范等方面存在问题，特别是在高校基建（修缮）工程项目投资、校设备集中采购以及预算和投资活动管理等领域的财务处理不够规范、合理，可能导致较大的资金风险。此外，未能及时清理应收和预付款，对长期应收、预付款项未能有效查明原因、分清责任、及时处理。在协助资产管理部门进行资产管理时，未能定期核对账目并督促相关部门健全资产管理制度。同时，对单位各类资产的安全完整，更注重数量，而未充分关注其质量和使用效益。根据以上审计工作，审计项目组负责人经过复核后出具了审计报告初稿。根据有关审计法规，对审计中发现的问题提出了解决意见。在征求了财务处及其处长的反馈意见后，经过必要的修改，向审计处提交了审计报告和财务处处长的反馈意见。审计处对内容进行审定，签发了审计报告。随后，审计报告被上报至H大学主管领导，经过审阅和讨论后形成审计处理决定。这一系列步骤确保了审计过程的严谨性和透明性，为问题的解决和改进提供了依据。

在今后的工作中，财务处应积极改进在财务管理和工作规范等方面存在的问题，特别是加强高校基建（修缮）工程项目投资、校设备集中采购以及预算和投资活动管理的规范性和合理性，以降低资金风险。同时，财务处还应加强对应收和预付款的清理工作，及时督促相关部门查明原因、分清责任，并妥善处理。在协助资产管理部门开展资产管理工作时，财务处要定期核对账目并督促相关部门健全资产管理制度，以确保各项资产的安全和完整。这些措施将有助于改善财务管理的流程和透明度，确保校内经济活动的合规性和风险控。通过积极的改进和规范，财务处可以进一步提高工作效率，降低潜在风险，确保高校的财务稳健和可持续发展。此外，也要加强对单位各类资产的质量和使用效益的关注，不仅注重数量，更要注重其质量和使用情况。这样的改进举措将有助于提高财务处的管理水平和效率，进一步推动学校的稳健发展。

7.5.3　后续审计阶段

（1）后续审计。

H 高校内部审计人员对被审计单位的审计处理决定进行了后续审计，并审查了被审计单位所完善的内部控制制度的有效性。审计处认真分析了财务处审计处理落实报告书后，审计人员逐一核实了审计处理决定的落实情况，对于财务处及时、合理和有效的纠正措施，审计处给予了较好的评价，并出具了后续审计报告。作为附件，审计处还编制了一份清晰、完整的“后续调查表”，提供给 H 高校管理层和财务处。同时，对 H 高校财务处内部控制的改正和完善进行了必要的审查，对其恰当性和运行有效性进行了初步的测试和评价，形成了相关报告。随着整个审计工作的结束，H 高校审计处建立了财务处的基本情况数据库，并及时分析、总结了审计项目中的正反经验。这有利于开展下一次经济责任审计的工作，并为相关审计事项提供基础性审计资料，为持续优化经济责任审计流程、提高审计质量和效率打下了坚实的基础。这一系列后续工作的严谨性和透明性，有助于确保审计的有效性和可持续改进。

（2）审计成果应用。

H 高校内部审计部门出具的审计报告应当针对审计项目中出现的问

题提出改进意见，并为内部控制体系制订相应的改进方案。作为 H 高校的监督机构，内审部门应该定期进行自我检查，发现自身存在的问题，并深入分析问题产生的原因，从而制定出相应的解决方案，以防止类似问题再次发生。因此，学校审计部门不仅要及时发布审计报告，还应针对现行内部控制制度中存在的问题提出相关的意见和建议。在建议书中，内部审计部门应从长远规划的角度，对当前存在的问题进行深入分析，并提出相应的改进建议。同时，审计工作组应该设身处地地思考所提出的方案的合理性和有效性，以便找到问题的根源，并采取切实措施加以解决。通过对问题的全面分析和合理的改进方案，可以确保内部控制体系的持续优化和有效运行，从而进一步提升学校的管理质量和效率。

被审计部门在接到审计建议书时，应认真听取建议，同时可以向审计人员阐述自身行为的原因。审计报告对被审计部门而言是一种参考，没有强制执行力。因此，本校内部审计部门在充分考虑被审计单位情况的基础上，可以将审计建议同时提交给高校管理者，并请其做出批示，以增强审计建议在管理层的推动下更好地运用到被审计单位中。为了最大限度地发挥审计结果的作用，最重要的是要不断丰富和拓展审计结果的应用途径。高校内部审计部门应主动与管理层和每个被审计层进行沟通和配合，建立完善的更正措施和审计公告与通报机制。立项就必须进行审计，审计就必须进行督查。一旦得出审计结果就必须进行宣布，查出问题就必须督促纠正，以形成良好的机制和决策。这样的流程和机制有助于确保审计的结果得以有效应用，推动问题的纠正和管理的持续优化。

7.6 高校内部控制审计面临的挑战和未来发展方向

7.6.1 高校内部控制审计面临的挑战

（1）内部控制意识比较弱。

高校中层以上的管理者将内部控制仅仅视作涉及内部资产和会计控

制的简单框架，而未能深入挖掘其更为广泛的内涵。在高校内部，缺乏对内部控制的重视和认识。这可能包括管理层未能适当理解和实施内部控制，导致财务管理混乱、资源浪费、信息安全问题等。同时，可能也意味着高校在预算、学术诚信、数据保护等方面存在缺陷，没有建立起健全的内部控制体系。这可能会影响到高校的声誉、运营效率以及学术环境。

（2）内控审计制度不健全。

高校内部控制审计制度不健全可能表现为以下几个方面：缺乏明确的内部控制审计政策、流程和指南，导致审计活动缺乏统一的标准和指导；没有明确规定审计的目标、范围和重点，难以确定哪些方面需要重点检查；审计周期不合理或不足够频繁，无法及时监测内部控制的有效性；缺乏经验丰富、专业素养较高的审计人员，难以深入评估和发现问题；缺乏对审计结果的及时反馈和跟进改进的机制，导致问题得不到及时解决；审计人力、物力等资源不足，影响审计工作的全面性和深入性。一个健全的高校内部控制审计制度应当确保审计活动的独立性、全面性和有效性，能够帮助高校发现问题、改进管理，降低风险，提升运营效率。

（3）内审机构缺乏独立性。

内审机构受到高层管理层或其他利益相关方的压力，导致审计结果受到干预或操控，以符合特定的利益或目标。内审机构处于某个部门的直接隶属关系，而这个部门正是被审计的部门，这样会影响内审的独立性和客观性。内审机构被限制在审计某些特定领域，而对于涉及问题的其他领域缺乏审计的权限，从而影响审计的全面性。内审报告需要经过被审计部门的审查和修改，这会导致审计结果受到影响，或者问题被淡化或掩盖。

（4）内审人员素质不全面。

内审人员可能只掌握某一领域的专业知识，对于其他相关领域的知识了解不足，从而难以在综合性审计中提供全面的见解和分析。缺乏必要的审计技能，如数据分析、风险评估和内部控制评价等，可能使他们难以应对复杂的审计任务。跨学科协作能力不足：综合性审计需要跨足多个学科领域，缺乏协作能力会限制他们有效与其他专家合作解决问题。

7.6.2 高校内部控制审计未来的发展方向

（1）规范控制审计。

内部控制审计是指对一个组织内部控制体系的评估和审查，旨在确保其有效性、合规性和高效性。为此，我们需要建立高效的内部控制工作机制，并设立专门的内部控制领导小组，以确保内部控制工作得到充分的重视和支持。在这一工作机制中，党政主要领导负责内部控制审计工作，主管部门负责牵头工作，其他相关部门协同配合，共同推进内部控制的有效实施。按季度和年度进行内部控制审计，有助于及时发现问题和及时进行整改，并形成报告。这样的过程有助于确保审计整改工作的公正和有效。在下一年度，将根据高校党委会审议后的内部控制审计整改报告，进一步完善内部控制建设。内部控制体系的建设是一个持续改进和不断完善的过程，将不断总结经验教训，加强制定和落实内部控制标准，确保内部控制体系始终保持有效和适应性。

（2）提高内部控制审计独立性。

高等学校内部审计的独立性主要有两个方面的体现：首先是通过设立独立的审计机构或聘请独立的审计师；其次是确保审计工作的独立性和有效性。为了满足高校内部审计的多样化需求，有必要设立独立的审计机构，负责开展各种类型的内部审计工作，包括财务审计、工程审计、内控审计等。这样的审计机构能够在高校内部发挥重要的监督作用。外包给专业中介机构的审计能够借助其丰富的经验和专业知识，提升审计的质量和效率，确保审计工作的客观性和公正性。

（3）加强审计队伍建设国际化。

高校内部控制审计的特点包括复杂性和多样性。高校内部涉及各种管理层面，如财务、学术、研究、行政等，因此审计需要考虑多样的业务流程和内部控制措施。高校的特殊性质决定了其内部控制审计不仅关注财务方面，还要关注学术诚信、研究道德等方面的问题，才能全面理解和分析复杂的情况；高校通常使用公共资金，所以审计需要确保这些资金的合法性、透明度和有效使用；审计需要考虑到高校的教育使命，确保内部控制不影响教育和研究活动的开展；高校内部控制审计工作需要复合型审计人员，他们应具备多领域的专业知识，通过后期教育和专业培训不断更新知识，提高综合素质。同时，内部审计人员要始终遵守职业道德，坚持诚信、客观和公正原则，保持独立性，履行职责，以维护公众利益为使命。这样的做法将有助于确保高校内部控制审计工作的有效性和公信力。

（4）实现内部审计技术现代化。

内部审计技术的现代化包括但不限于使用风险导向的方法进行审计、应用信息技术进行数据分析和内部控制评估等。采用现代化的审计技术，能够更加精准地定位高校的风险点，并在早期发现问题，为高校管理决策提供更为可靠的数据支持。高校要充分应用现代信息技术手段，逐步达到内部审计技术的现代化水平。通过这样的努力，高校能够更好地应对风险挑战，保障学校的稳健发展。

7.7　本章小结

本章以 H 高校为案例，对其目前的内部控制审计情况进行了详细分析。在分析中发现了 H 高校内部控制审计存在的严重缺陷，针对这些问题，提出了未来高校内部控制审计的发展方向。在案例分析中，对 H 高校的内部控制审计情况进行了深入研究，发现在其审计过程中存在审计范围不明确、审计频率低、审计人员素质参差不齐等问题。这些缺陷导致了内部控制审计的效果不理想，高校的风险管理和内部管理体系存在漏洞。为了解决这些问题，提出了未来高校内部控制审计的发展方向。首先，应该建立健全高校内部控制审计的制度和规范，明确审计范围和审计频率，确保审计工作的全面覆盖和持续进行；其次，要加强审计人员的专业培训，提高其专业素质和综合能力，确保审计工作的质量和准确性；最后，引入先进的信息技术手段，如风险分析模型和数据挖掘技术，提升审计工作的智能化水平。通过对 H 高校内部控制审计情况的分析，提出了未来高校内部控制审计的发展方向，旨在帮助高校加强内部控制审计，提升风险管理水平，保障高校的稳健发展。

第 8 章　研究结论、建议和展望

8.1　主要结论

高校作为一个特殊的经济实体，培养和孕育着大量优秀人才，对于社会的发展进步具有良好的推动作用。与一般企业相同，高校的平稳运转也伴随着各项经济业务的发生，需要人为施加控制。因此，随着高校改革的不断深化，社会各界对高校办学质量的要求日益提高，对内控审计的关注也将日益增加。这因为内部控制审计并不只是对内部控制流程的缺陷进行识别与评价，更重要的是辨别其日常管理活动中的漏洞与风险，切实提升管理能力与水平。教育部发布的相关文件以及各大高校的规章制度表明，高度重视内部控制审计在保障高校建设中的至关重要作用。然而，目前在我国高校进行内控审计仍面临着许多问题，需要进一步探讨和解决。

本书以 H 高校为案例，针对其内部控制审计现状，研究其所面临的具体问题，并据此提出未来的发展方向。通过对 H 高校的案例研究，我们发现其内部控制审计存在诸多挑战：首先，内部控制意识比较弱，建立健全的内部控制体系有助于防范这些风险；其次，内控审计制度不够健全，需要完善相关政策和规定，明确内部控制审计的责任和权限；再次，内审机构缺乏独立性，应当确保内部审计部门的独立性，以便更加客观公正地开展审计工作；最后，内审人员素质不全面，需要加强内审队伍的培训和建设，提高其专业水平和技能。

针对这些问题，我们可以采取一系列的对策来提升高校内部控制审计的效能：首先，实行内部控制审计常态化，建立长效机制；其次，加强独立性，确保审计工作不受其他部门的干扰，保证审计结果的客观性；最后，加强审计队伍的建设，招聘和培养具有国际化视野和专业技能的内审人员，提高其综合素质和能力。

综合来看，高校内部控制审计在未来的发展中将继续扮演着至关重要的角色，通过加强内部控制审计的实施和完善内部审计制度，高校可以更好地提升管理能力与水平，确保高校的平稳运转和可持续发展。同时，高校应积极借鉴国际经验，不断创新审计方法和技术，以适应不断变化的高校经营环境和管理需求。只有这样，高校才能更好地发挥其培养和孕育优秀人才的作用，为社会的发展进步做出更大的贡献。

8.2 完善内部控制审计的建议

8.2.1 转变观念，强化内控意识

高等学校应高度重视树立两种意识，即预算控制意识和风险意识。这两种意识对于高校内部管理和资产运营具有重要作用：首先，高等学校应树立正确的预算控制意识。预算控制涵盖了预算的编制、执行、调整、分析和考核等全过程的动态控制，高等学校要运用一系列财务综合指标对预算资金的投入、执行情况和使用效益进行全面分析和考核。通过这些措施，高校能够有效地管控和优化国有资产的使用，提高资产的使用效益，确保预算的有效执行和资金的合理利用。其次，高等学校还应树立正确的风险意识。高校的发展过程中可能面临教育培养成本上升、教育资源浪费等风险，尤其在高校扩张和校园建设过程中，可能存在巨额贷款等风险。因此，高校应将风险意识纳入内部会计控制的重要内容，设立人员经费、公用经费支出、基建项目发包、招投标等风险控制点，并采取风险预警、风险识别、风险评估、风险分析和风险报告等措施，这样可以及时发现和应对潜在风险，降低不良后果的发生。加强内部会计控制是确保高等学校资金管理和运营的有效手段，为此，高校

还应建立适应市场经济规律的内部会计控制体系，并持续完善和优化内部控制机制，确保高校的资产管理和运营符合合规要求，提高内部管理的透明度和效率。

总的来说，高等学校应树立正确的预算控制意识和风险意识，通过强化内部会计控制来保障高校资金的合理利用和运营的稳健发展，这将有助于高校实现更加健康和可持续的发展。

8.2.2　健全内部控制审计制度，强化内部控制监督和激励

内部控制是一个动态过程，需要通过纳入管理过程的大量制度和活动来实现，除了人的主观因素外，还需要建立相应的责任制、定期考核机制和必要的责任追究机制，高校在制定内部控制制度后，必须定期或不定期地对其执行情况进行检查、考核与评估，对执行内部控制制度严格的人员要给予精神鼓励和物质奖励。只有通过监督与激励相结合，才能最终达成内部控制的目标，使其走向制度化、规范化的轨道。同时，提高各级人员的业务素质和道德素质至关重要，以更好地贯彻和执行内部控制。首先，要提高高校各级领导者的素质，建立良好的文化氛围，树立“以人为本”的管理理念，以提高管理和办学效率、效益；其次，要提高高校内部各个控制环节涉及人员的自身素质，以预防违规违纪行为的发生；最后，要加强对财务人员的职业道德教育和业务培训，以保证会计信息的质量，避免违反会计职业道德的行为发生。总的来说，高校内部控制的有效执行需要建立适应性强的制约机制，同时提升人员的素质和道德水平，通过这些措施，高校的内部控制体系才能不断完善，为高校管理和资产运营提供有力的支持。

8.2.3　提高内部控制审计独立性，保障审计作用发挥效果

高等学校内部审计的独立性是确保内部审计活动能够独立、客观地进行，不受干扰或影响的原则，这种独立性是内部审计有效性和可靠性

的基础，有助于确保审计结果真实反映组织的内部控制状况和风险情况。高等学校内部审计的独立性主要体现在：内部审计部门应该在组织结构中具有一定的独立地位，避免受到被审计部门的直接控制；内部审计人员应该能够自主决定审计范围、目标、方法等，不受其他部门或个人的影响；审计计划应该由内部审计部门自行制定，不受管理层或其他部门的操控，内部审计应该有权对组织内各个层面和部门进行审计，包括对高层管理层的审计，内部审计报告应该真实、客观地反映审计结果，不受其他部门或个人的修改或影响，内部审计人员应避免与被审计对象产生利益冲突，以保证审计的客观性，内部审计的独立性能够增强审计结果的可信度，促进内部控制的优化和风险管理的提升。为了确保独立性，一些高等学校会建立独立的内部审计部门，确保其在组织中的独立地位和权威性。

8.2.4 加强内部审计队伍建设，提升审计人员专业能力

优化会计师事务所的整合审计质量、提升注册会计师的专业能力是一项复杂且具有专业性的任务，整合审计业务对会计师事务所的执业质量和注册会计师的专业能力提出了较高的要求。在提升专业能力方面，可以采取以下措施：首先，注册会计师及相关审计人员要加强对整合审计相关理论和知识的学习，不断充实自身的知识体系，持续学习和更新知识将有助于应对复杂多变的审计环境；其次，积极参与由会计师事务所和其他有关机构举办的整合审计培训讲座，及时深入了解一体化审计的经济环境、内部控制制度和法律法规，从而提高专业水平和适应业务需求；再次，熟悉项目企业的经营管理、内部运营、行业发展状况及法律政策变更等，将有助于更全面地理解项目的审计需求，提升整合审计的执业质量；最后，注册会计师还应能够对项目组成员进行监督和管理，以保证项目团队内部行为的科学性和合理性，优秀的领导和管理能力将有助于提高整合审计项目的执行效率和质量。

为了解决高校内部审计人才不足的问题，高校可以采取以下措施：

首先，提供培训和培养计划，吸引更多有潜力的人才加入内部审计领域，增强内审队伍的实力和规模；其次，引入并补充具备法律、信息技术等方面知识的内审员，以确保内审团队的知识结构满足内控审计的需求，提升内部审计人员的职业素质。综上所述，通过培养和引进内部审计人才、优化知识结构、持续学习和专业训练以及尝试聘请兼职审计人员，有助于提升高校内部管理水平，促进高校的可持续发展。

8.2.5　加强整合审计信息技术管理，探索内部控制审计方法

为了降低审计成本、降低审计风险并提升整合审计的质量，高校可以采取以下信息技术管理措施：首先，构建计算机辅助审计系统，从繁重的计算机操控转向职业审计判断，提升审计工作效率，该辅助信息系统可协助完成数据转换、审计抽样、数据分析和项目管理等工作；其次，构建内控审计与财务审计相结合的整合审计信息技术系统；最后，针对内部控制审计特点，采用观察法、访谈法、流程图法、问卷调查法、专题讨论法、查账法、审阅法、核对法、查询法、分析性复核、实地查验、穿行测试、抽样和比较分析等方法，在选择方法时应结合内部控制审计的特点，找准切入点和关注点。

综上所述，通过信息技术的应用和综合采用不同的审计方法，高校可以有效提升整合审计的质量，降低审计风险，为内部控制和经济发展提供更有效的支持和保障。这将有助于推动高校的持续发展和内部管理的优化。

8.2.6　开展风险导向高校内部控制审计

风险导向内部控制审计强调将风险的防范和管理作为审计的重点，将风险管理程序融入审计过程，为高校内审部门确保风险导向落地实施，可以采取以下措施：首先，建立规范的审计程序框架和评价体系，

高校内审部门应制订详细的审计方案，明确审计的目标、范围和重点，确保风险评估全面准确，审计组在准备阶段要进行审前调查，充分收集相关资料信息，识别潜在风险因素和发生概率，以便在实施阶段有针对性地进行测试和审查；其次，重视实施阶段，审计组根据审计方案进行测试和审查，重点防范测试失效风险，确保测试范围全面、方法得当，审计组应从不同角色进行全面审查，发现和认定风险和缺陷，为后续评价提供依据；再次，注重终结阶段，审计组应得出审计结论，形成审计报告，评价内部控制风险，并提出审计建议，在这一阶段要重点防范评价不当风险，审计组应进行综合分析，避免问题表面化，审计结论要言之有据，审计报告应立意高远，从宏观层面统筹考虑，全面评价被审单位业务活动的内部控制及其风险；最后，重视后续阶段，在出具审计报告后，高校内审部门应密切关注审计结论的落实和整改情况，建立风险档案，记录从风险识别、评估到风险防范及其有效性的全过程，为高校内部控制审计的深入开展积累经验，不断提升审计工作的质量和效能。

综上所述，风险导向内部控制审计需要高校内审部门建立规范的审计程序和评价体系，并注重全过程风险防范和管理，通过合理的评估和建议，确保高校内部控制体系的有效运行，为高校的稳健发展提供有力支持。

8.3 研究展望

综上所述，高校应该顺应时代发展趋势，把握住审计评价的结果，结合高校自身单位和业务层面状况，对问题进行深刻整治，转变思想意识，合理规划各部门、各层次机构的架构设置。我国高校内部控制审计的未来发展方向如下。

（1）数字化技术应用。随着信息技术的发展，高校内部控制审计将逐渐数字化和自动化，利用大数据分析、人工智能、机器学习等技术，可以更加高效地收集、处理和分析大量数据，发现潜在的风险和问题。

（2）风险导向。未来的内部控制审计将更加注重风险管理。审计师将更多关注高校面临的各类风险，包括财务风险、经营风险、合规风险等，并提供相应的建议和解决方案。高校内部控制审计将更加关注资源的合理分配和使用，确保高校运作的透明度和问责制，审计报告将更加详尽，向各方清晰地展示高校的财务状况和经营情况。

（3）强化数据隐私和信息安全。随着高校信息系统的不断完善，数据隐私和信息安全的重要性不言而喻。未来的内部控制审计将更加重视信息系统的安全性，确保高校的敏感数据得到妥善保护，未来的内部控制审计可能会不断创新审计方法和技术，以应对日益复杂的高校经营环境和管理需求。审计师将不断学习和发展，提高审计质量和水平。

（4）环境可持续性审计。未来的内部控制审计可能会逐渐关注高校的环境可持续性，审计师将关注高校的环保措施、资源利用效率等，以确保高校的可持续发展。随着数字化技术的普及，高校内部控制审计将越来越注重数据驱动决策。通过分析大数据，审计师能够更深入了解高校的运营情况，为决策者提供更准确的信息和建议。

（5）多元化审计方法。未来的审计将更加多元化，不再局限于传统的财务审计，还将涵盖绩效审计、合规性审计、信息技术审计等多个方面，要全面评估高校的运营状况。随着全球化的不断推进，高校内部控制审计将与国际接轨，加强国际合作和交流，借鉴国际最佳实践，为我国高校审计提供新的思路和经验。

总的来说，未来的高校内部控制审计将在数字化技术的驱动下，更加注重风险导向、透明度和问责制，同时关注数据隐私、信息安全和环境可持续性，审计师将不断创新和提高审计水平，为高校的稳健运作和可持续发展提供有力支持。

参 考 文 献

［1］池国华，吴晓巍．管理控制的理论演变及其与内部控制关系［J］．审计研究，2003（5）：53－57.

［2］杨雄胜．内部控制理论研究新视野［J］．会计研究，2005（7）：49－54，97.

［3］AICPA. Internal Control：A Special Report by the Committee on Auditing Procedure of AICPA［R］. New York，1949.

［4］COSO. Internal Control – Integrated Framework［R］. 1992.

［5］COSO. Enterprise Risk Management – Integrating with Strategy and Performance［R］. 2017.

［6］吴水澎，陈汉文，邵贤弟．企业内部控制理论的发展与启示［J］．会计研究，2000（5）：2－8.

［7］樊行健，肖光红．关于企业内部控制本质与概念的理论反思［J］．会计研究，2014（2）：4－11，94.

［8］阎达五，杨有红．内部控制框架的构建［J］．会计研究，2001（2）：9－14，65.

［9］Power M. The Audit Implosion：Regulating Risk From the Inside［J］. Fractal Rev Psicol，2000，23（2）：13－20.

［10］Rotch W. Management Control Systems：One View of Components and Their Interdependence1［J］. British Journal of Management，1993，4（3）：191－203.

［11］王鲁平，杨诗雯，段兴民．内部审计与内部控制的关系研究［J］．会计之友，2014（24）：91－99.

［12］Church B K，McMillan J J，Schneider A. Factors Affecting Internal Auditors' Consideration of Fraudulent Financial Reporting during Analytical Procedures [J]. AUDITING: A Journal of Practice & Theory, 2001, 20 (1): 65-80.

[13] Coram P, Ferguson C, Moroney R. Internal audit, alternative internal audit structures and the level of misappropriation of assets fraud [J]. Accounting & Finance, 2008, 48 (4): 543-559.

[14] Heather M. Hermanson. An Analysis of the Demand for Reporting on Internal Control [J]. Accounting Horizons, 2000, 14 (3): 325-341.

[15] Bryan D B. Organized labor, audit quality, and internal control [J]. Advances in Accounting, 2017, 36: 11-26.

[16] David G William. A Survey of Auditing Research [J]. Prentice-Hall International, 2010: 5-11.

[17] Arens A A. Auditing and Assurance Services: An Integrated Approach [J]. Prentice Hall, 2012.

[18] Jennings M M, Pany K, Reckers P M J. Internal control audits: Judges' perceptions of the credibility of the financial reporting process and likely auditor liability [J]. Advances in Accounting, 2008, 24 (2): 182-190.

[19] Onumah J M, Kuipo R, Obeng V A. Effectiveness of Internal Control Systems of Listed Firms in Ghana [M] //TAURINGANA V, MANGENA M. Accounting in Africa: 12 Part A. Emerald Group Publishing Limited, 2012: 31-49.

[20] Rama S. How to Assess Internal Control [J]. American Economic Review, 2013, 7: 11-15.

[21] Suzana Guxholli, Vjollca Karapici, Albana Gjinopulli. Corporate Governance and Internal Control Audit [J]. China-USA Business Review, 2012.

[22] Dimitrijevic D, Milovanovic V, Stancic V. The Role of A Company's Internal Control System in Fraud Prevention [J]. Financial Inter-

net Quarterly, 2015, 11 (3): 34 - 44.

[23] Puying Kuang. A Strate GY - Oriented Enterprise Internal Audit Organizational Structure - Based on Case Study of CPIC [J]. Modern Economy, 2016: 536 - 540.

[24] 苟光亮．日本内部控制审计制度实施状况及对中国的启示[J]. 中国内部审计, 2014 (4): 48 - 50.

[25] 阚京华．后 SOX 法案时代公司内部治理和内部审计变革[J]. 中国内部审计, 2014 (6): 12 - 17.

[26] 刘玉廷, 王宏．提升企业内部控制有效性的重要制度安排——关于实施企业内部控制注册会计师审计的有关问题 [J]. 会计研究, 2010 (7): 3 - 10, 95.

[27] 张龙平, 陈作习, 宋浩．美国内部控制审计的制度变迁及其启示 [J]. 会计研究, 2009 (2): 75 - 80, 94.

[28] 杨有红, 李宇立．内部控制缺陷的识别、认定与报告 [J]. 会计研究, 2011 (3): 76 - 80.

[29] 吴寿元．企业内部控制审计研究 [D]. 财政部财政科学研究所, 2012.

[30] 时现．内部审计学 [M]. 北京: 中国时代经济出版社, 2015.

[31] 施平．财务报表审计与内部控制审计的整合思考与方法研究[J]. 中国注册会计师, 2013 (11): 73 - 76, 3.

[32] 陈丽．强制性内部控制审计披露是否必要？——基于公司盈余质量的分析 [J]. 财会通讯, 2015 (21): 21 - 24.

[33] 贺婧．内部审计质量与内部控制审计意见相关性研究 [D]. 山东财经大学, 2016.

[34] 陈梦回．中美政府内部控制比较研究 [D]. 浙江工商大学, 2016.

[35] GAO. Standards for Internal Control in the Federal Government [A]. 2014.

[36] 刘永泽, 况玉书．美国联邦政府内部控制准则: 比较与借鉴

[J]. 会计之友，2015 (13): 75 – 79.

[37] IFAC. Governance in the Public Sector: A Governing Body Perspective [R]. New York, 2001.

[38] INTOSAI. Guidelines for Internal Control Standards for the Public Sectors [R]. New York, 2004.

[39] 周圆，宗新颖．行政事业单位内部控制中存在的问题与对策[J]. 会计之友（下旬刊），2006 (1): 33 – 34.

[40] 王光远．中美政府内部控制发展回顾与评述——兼为《联邦政府内部控制》（中文版）序 [J]. 财会通讯，2009 (34): 6 – 10.

[41] 刘永泽，张亮．我国政府部门内部控制框架体系的构建研究[J]. 会计研究，2012 (1): 10 – 19.

[42] 王海红．关于实施《行政事业单位内部控制规范（试行)》的思考 [J]. 会计之友，2014 (6): 24 – 26.

[43] 李晶晶．完善行政事业单位内部控制之思考 [J]. 会计之友，2014 (6): 27 – 29.

[44] 唐大鹏，王艺博，王璐璐．强化内控评价工作 推动内控体系建设——基于行政事业单位内部控制基础性评价工作经验 [J]. 财政监督，2016 (23): 5 – 10.

[45] 周亚辉．浅析新制度下行政事业单位的内部控制审计 [J]. 东方企业文化，2015 (15): 221 – 225.

[46] 人民银行南京分行内审处和六安中支联合课题组，朱庆，赵永红．行政事业单位内部控制审计定位与模式探析 [J]. 中国内部审计，2015 (8): 26 – 28.

[47] 陈雅红．关于行政事业单位内部控制的审计问题探究 [J]. 会计师，2015 (19): 51 – 52.

[48] 唐大鹏，李鑫瑶，刘永泽，等．国家审计推动完善行政事业单位内部控制的路径 [J]. 审计研究，2015 (2): 56 – 61.

[49] 毛腾飞．行政事业单位内部控制审计概念框架构建 [J]. 中国内部审计，2016 (12): 4 – 7.

[50] 康丹. 行政事业单位内部控制审计问题及对策分析 [J]. 现代工业经济和信息化, 2016, 6 (18): 18-20.

[51] 黄英. 行政事业单位内部控制审计的必要性及其完善建议 [J]. 财会学习, 2017 (3): 139.

[52] 尹律, 徐光华. 关于行政事业单位内部控制信息披露的探讨——基于国家治理的视角 [J]. 审计研究, 2015 (4): 74-79.

[53] 王榕. 高校内部控制审计质量影响因素及对策 [J]. 福建医科大学学报 (社会科学版), 2016, 17 (3): 21-23.

[54] 王敏. 事业单位内部控制审计现状及对策 [J]. 财经界, 2016 (11): 309.

[55] 黄昌义. 事业单位内部控制审计报告的内容及应用 [J]. 改革与开放, 2016 (2): 122-123.

[56] 张琳. 事业单位内部控制与内部审计存在的问题及解决途径 [J]. 中国内部审计, 2015 (1): 63-65.

[57] 师平. 如何开展事业单位内部控制审计 [J]. 北方经贸, 2014 (7): 169.

[58] 刘宁博. 高校内部控制审计调查分析及改进对策 [J]. 现代审计与经济, 2017 (1): 42-43.

[59] Beech N, MacIntosh R. Managing complex change: Challenges at the National Health Service Greater Glasgow and Clyde [M]//KLEWES J, LANGEN R. Change 2.0. Berlin, Heidelberg: Springer Berlin Heidelberg, 2008: 137-146.

[60] Agyemang G, Broadbent J. Management control systems and research management in universities: An empirical and conceptual exploration [J]. Accounting, Auditing & Accountability Journal, 2015, 28 (7): 1018-1046.

[61] 赵涓, 周阳. 美国公立高校内部控制的主要特点及其借鉴意义 [J]. 北京交通大学学报 (社会科学版), 2014, 13 (3): 40-45.

[62] 赵红卫. 高等学校内部控制的基本范畴与框架建构 [J]. 审

计研究，2015（3）：108－112.

［63］刘焕蕊．高校转型发展下内部控制框架设计研究［J］．财会月刊，2017（7）：10－14.

［64］董必荣，凌华，潘魏灵．我国公办大学内部控制问题研究［J］．会计研究，2016（8）：73－80＋97.

［65］常青．美国高校内部控制及其借鉴［J］．江苏高教，2016（5）：44－46.

［66］韩东海．高校内部控制建设现状、问题与对策探析——以河北省 H 大学为例［J］．会计之友，2015（15）：115－117.

［67］徐淑霞．高校内部控制建设的问题及改革研究［J］．会计之友，2018（14）：126－128.

［68］王卫星，赵刚．高校内部控制评价指标体系的构建与应用［J］．审计与经济研究，2008，23（6）：93－97.

［69］陈文川，黄凯颖．ANP 法在高校内部控制评价的应用研究［J］．财会通讯，2015（27）：103－106.

［70］丁妥，张艳辉，姚增辉．行政事业单位内部控制评价指标体系构建研究——以×大学为例［J］．会计之友，2018（4）：102－106.

［71］叶习红．高校内部控制审计模式及方法探讨［J］．企业家天地，2008（4）：185－186.

［72］肖建义．高校内部控制审计初探［J］．湖南财经高等专科学校学报，2004（2）：63－64.

［73］罗红雨．高校内部控制与审计相关问题研究［J］．财会通讯，2014（4）：78－80.

［74］陈丽，时现，夏午宁．高校内部控制审计 SWOT 分析及其优化路径［J］．会计之友，2016（23）：110－113.

［75］刘红梅．高校内部控制审计初探［J］．财会通讯，2011（1）：109－110.

［76］谢卫华，徐建科．高校科研经费内部控制审计研究［J］．商业会计，2010（23）：37－38.

［77］ 杨明亮．论高校财务管理内部控制审计［J］．财务与金融，2011（1）：69－72.

［78］ 麻东锋．高校内部控制审计探究［J］．商业会计，2015（8）：62－64.

［79］ 马尚敏，李卫中．高校科研经费管理内部控制审计重点研究——基于 COSO 内部控制框架［J］．中国内部审计，2015（11）：22－25.

［80］ 杨从印，刘晓华．高校内部控制制度建设情况调查分析——以教育部直属高校为例［J］．财会通讯，2016（4）：71－73.

［81］ 杨忠莲，张硕．基于治理视角的高校内部控制审计研究［J］．中国内部审计，2016（10）：22－27.

［82］ 刘晓晨．高校内部控制审计风险分析与防范对策［J］．中国国际财经（中英文），2017（17）：123.

［83］ 周山．如何开展高校内部控制审计［J］．中国内部审计，2018（10）：58－60.

［84］ 张玲，李军．新常态下高校内部控制审计实务探究［J］．行政事业资产与财务，2018（22）：77－78.

［85］ 唐茹涛．如何开展高校设备管理内部控制审计［J］．中国内部审计，2018（6）：43－45.

［86］ 郁晓丹，宗燕．基于 ERM 风险管理框架的高校内部控制审计优化路径分析［J］．现代商业，2018（18）：133－135.

［87］ 周旭枚．基于风险导向的高校内部控制审计模式研究［J］．财会通讯，2018（7）：113－116.

［88］ 唐华琳．浅析高校内部控制审计的难点及其突破路径［J］．福建农林大学学报（哲学社会科学版），2012，15（4）：58－61.

［89］ 肖薇．高校基建项目内部控制审计评价研究［J］．教育财会研究，2016，27（6）：69－73.

［90］ 马志宏．构建高校基建工程管理内部控制审计评价指标［J］．会计之友，2017（16）：121－124.

［91］王春园．风险导向模式下高校内部控制审计与评价体系构建［J］．经济研究导刊，2018（9）：111－113，160.

［92］赵艳红．高校政府采购内部控制审计路径——以上海交通大学为例［J］．中国内部审计，2019（2）：51－55.

［93］财政部．行政事业单位内部控制规范（试行）［M］．2013.

［94］中国内部审计协会．内部审计实务指南第4号——高校内部审计［M］．2011.

［95］张龙平．关于《独立审计具体准则第9号——内部控制与审计风险》［J］．湖北审计，1997（4）：10－12.

［96］陈海清．内部控制评审主体研究［J］．审计与经济研究，2002（6）：9－11.

［97］刘玉廷．全面提升企业经营管理水平的重要举措——《企业内部控制配套指引》解读［J］．会计研究，2010（5）：3－16.

［98］张力元．高校内部控制审计评价关键指标研究．2019：06－01.

［99］井建辉．普天研究院采购管理内部控制研究．2013－06－01.

［100］焦菲．基于审计标准建设行政事业单位内部控制审计研究．2019－05－01.

［101］徐玲．高校内部控制审计的缺陷与改进研究．2018－05－01.

［102］丁铎．我国高校内部控制审计研究．2019－05－01.

［103］王小林．基于内部控制视角的高校内部审计流程优化研究．2012－04－01.

［104］周军萍．天津港某企业财务内部控制的实证研究．2012－03－01.

